Kurt Marti · Läuten und eintreten bitte

T V Z

Kurt Marti

Läuten und eintreten bitte

Ein Lesebuch im Jahreslauf

Herausgegeben von Ralph Kunz und Andreas Mauz

TVZ
Theologischer Verlag Zürich

Gedruckt mit freundlicher Unterstützung der Römisch-Katholische Zentralkonferenz der Schweiz (RKZ), der Herbert Haag Stiftung für Freiheit in der Kirche, der Abteilung Homiletik, Liturgik und Kirchentheorie (Prof. David Plüss) der Theologischen Fakultät der Universität Bern, der Reformierten Kirchen Bern-Jura-Solothurn und der Evangelisch-reformierten Landeskirche des Kantons Zürich.

Der Theologische Verlag Zürich wird vom Bundesamt für Kultur mit einem Strukturbeitrag für die Jahre 2019–2020 unterstützt.

Bibliografische Informationen der Deutschen Nationalbibliothek
Die Deutsche Nationalbibliothek verzeichnet diese Publikation in der Deutschen Nationalbibliografie; detaillierte bibliografische Daten sind im Internet über http://dnb.dnb.de abrufbar.

Umschlaggestaltung: Simone Ackermann, Zürich
Unter Verwendung einer Fotografie von René M. Wyser © Foto- und Filmstudio, René M. Wyser, CH-8903 Birmensdorf

Druck: Rosch-Buch, Scheßlitz

ISBN 978-3-290-18348-6 (Print)
ISBN 978-3-290-18349-3 (E-Book: PDF)

© 2020 Theologischer Verlag Zürich
www.tvz-verlag.ch

Alle Rechte, auch die des auszugsweisen Nachdrucks, der fotografischen und audiovisuellen Wiedergabe, der elektronischen Erfassung sowie der Übersetzung, bleiben vorbehalten.

Inhalt

Vorwort – Am Anfang Beziehung 9

Advent
und maria 16

Winter
liebeskalender 22
dezembergarten 23
dezembernacht 24
Schnee 25

Weihnachten
Weihnachten 28
Weihnächtlicher Trinkspruch 30
weihnacht 35
Wohin mit meiner Wut? 36
mitternachtsgottesdienst 44
Weihnachten 45
Weihnachtsbaum 47
Ist Weihnachten heilbar? 50
In der Schweiz wird es Weihnacht 53
Ware Weihnacht und wahre Weihnacht 58
Aktion Weihnacht 62
Menschwerdung 66
Weihnachten? 69

Silvester, Neujahr und Dreikönigstag
Amen 76
z.b. 1.1.73 78
Der letzte Weise aus dem Morgenland 79

Frühling
liebeskalender 86
Vorfrühling, See 87
bitte 88

Passion
Passion z. B. 1973 90
Passion 91
Passion 95
Warum ich Christ bin 97
am holz 99
Passion als Aktion 100

Palmsonntag
Palmsonntag 106

Ostern
Keine Ostern wie immer 108
Ostern 111
Auferstanden von den Toten 116
OSTERN O STERN 121
Geschichte, Ostern 122
die frauen am ostermorgen 123
Osterbaum 124
ostern 125
ostervision 126
Osterzweifel, Osterglaube 127
Osterprotest 130
Subversive Ostern 134

Tag der Arbeit
Arbeit ... 140
Religion des Marktes ... 142

Muttertag
Ist Gott weiblich? ... 146
Gedanken zur Weiblichkeit Gottes ... 150

Pfingsten
Heilige Geistin? ... 158
Frau Weisheit ... 158
Pfingsten ... 159
Heiliger Geist ... 160
pfingsten: bitte um den heiligen geist ... 162
Pfingsten ... 163
Dreieinigkeit ... 164
Pfingsten ... 165
Wort, Geist ... 169
Atmen ... 171
Pfingsten 10. Juni 1984 ... 172
Heiliger Geist ... 173
Körperkirche ... 173
Sinne als Sinn ... 173
Göttliche Utopie ... 174
Der Heilige Geist befremdet,
Spiritualität aber fasziniert uns ... 177
Zu Pfingsten ins Notizbuch ... 181

Sommer
liebeskalender ... 186
sommer ... 187
Hochsommer, Ozon ... 188

Nationalfeiertag
Schweizer Luft ... 190
mein kleines land ... 191

Demokratie Gottes 192
heil vetia 1 193
heil vetia 2 193
heil vetia 3 194
heil vetia 4 194
heil vetia 5 195
heil vetia 6 195
heil vetia 7 196
Tell und Christus 197

Schöpfungszeit
schöpfung 202
Vermeerung 204
Menschen und Tiere 205
Verantwortung, nicht Raubbau 210
Leihgabe 215
Erwählter Planet 217
Planet des Lebens 220

Herbst
liebeskalender 224
herbstsonne 225
herbst 226
Herbst 227
Stillgelegt 229
Reisen 230

Ewigkeitssonntag
dahingehen 234
was wird kommen? 235
Götze Ewigkeit oder Ewigkeit Gottes? 237
Ewigkeit 241

Dank 245

Druck- und Rechtenachweis 246

Vorwort – Am Anfang Beziehung

Kurt Marti hat keine dicken Bücher geschrieben. Er war Wortsammler und Worterfinder, Meister der kleinen Formen, Verdichter der Wahrheit, Lyriker, Publizist und Prediger. Natürlich kann man die Stücke aus seinem vielfältigen Schaffen in einem Buch versammeln, aber es bleibt dabei: Marti ist ein Sprachliebhaber, der mit seinen Worten zielt, bis er das Wort getroffen hat. Die Lust zur Kürze unterscheidet seine Texte von Elaboraten knöchriger Schriftgelehrter und Buchhalter mit ihrem Hang zur Länge. Es ist also sicher im Sinne Kurt Martis, im Vorwort zu einem Lesebuch mit seinen Texten nicht viele Worte über die lyrische Brillanz und theologische Brisanz des Autors zu verlieren. Ausserdem wird das, was Marti-Texte lesenswert macht, an anderer Stelle ausführlich erörtert.[1] Darum kurz und bündig ein paar Worte zu diesem Band.

Die Zusammenstellung zerstreuter Texte lässt sich mit der Aufgabe einer Galerie vergleichen, die Kunstwerke eines Künstlers aus verschiedenen Phasen seines Schaffens in einer bestimmten Hinsicht arrangiert. Durch die Hängung der Bilder werden im Glücksfall neue Aspekte eines Gesamtwerks sicht- und erlebbar. Im Fall unseres Wortkünstlers hoffen wir Galeristen, dass die gewählte Hängung Leseerfahrungen mit dem Œuvre von Kurt Marti beschert, die für Sie, liebe Leserin, lieber Leser, befruchtend und inspirierend sind. Unsere Ausstellung folgt dem Rhythmus des Kirchenjahrs, weil wir finden, dass der Kalender einen schönen Rahmen offeriert, um die Werkstücke des Sprachkünstlers in eine Reihe zu bringen. Aber vielleicht ist die Analogie der Hängung zu statisch und es ist angemessener, von einem Reigen zu sprechen.

Dazu passt auf jeden Fall, dass der Text, der im Band wie im Kirchenjahr den Auftakt macht, ein Lied ist, das mit der Befreiung aus festgefügten Bildern spielt. Das Kind, das in Maria hüpft, macht einen pränatalen Anfang. Sie, die Schwangere, singt voller Erwartung das Adventslied und eröffnet das Kirchenjahr mit ihrem revolutionären Gesang. Etwas Neues bricht an. Kurt Marti gibt der jungen Frau eine Stimme und dreht mit ihr eine mariologische Pirouette nach der anderen, bis er sie, die Befreierin, von ihren Heiligsprechern befreit:

und maria trat
    aus ihren bildern
und kletterte
    von ihren altären herab
und sie wurde
    das mädchen courage
    die heilig kecke jeanne d'arc[2]

Beziehung, Tanz, Poesie und Revolution sind Stichworte, die in den Texten Kurt Martis immer wieder auftauchen. In einer wunderbar gewagten Neuinterpretation des Johannesprologs verkündet deren erste Zeile: «Am Anfang Beziehung.»[3] Der beziehungsreiche Anfang ist sowohl Titel als auch Mittel der Theopoesie, die neue Bilder erfindet. Lust und Protest küssen sich. Die neuen Bilder geben den Schwung, um die alten Bilder zu prüfen und gegenwärtig werden zu lassen. Der Schriftsteller, der sich der Schrift stellt, holt sich die Inspiration aus der Überlieferung, aber er wiederholt sie nicht einfach. Er spielt mit ihr, tanzt aus der Reihe und packt auch uns, die Leserinnen und Leser, mit der Variations- und Improvisationsfreude einer befreiten Theologie des Wortes.

Wenn am Anfang die Beziehung ist, kommt als Zweites die Entwicklung. Im Lesebuch findet sich eine Reihe von Weihnachtstexten, die aus unterschiedlichen Perspektiven auf das Wunder der messianischen Geburt schauen und um ihr Geheimnis kreisen. Darunter sind auch Texte, die vor Jahrzehnten in

Tageszeitungen erschienen sind. Wer in der Schatztruhe der Marti-Texte wühlt, wird reich beschenkt. Was im theologischen Jargon widerspenstig «Inkarnation» heisst, materialisiert und konkretisiert sich in Martis mütterlichem Weihnachtsevangelium. Wir hören und vernehmen das Zeugnis des Protestanten, der die *Ware Weihnacht* von der *wahren Weihnacht* unterscheidet, aber das Kind, «runzelig rot», im Blick behält. Was uns trifft, ist das Wort eines kritischen Intellektuellen, der zart und genau, weder feindselig noch rührselig das Evangelium von der Menschwerdung Gottes erzählt.

Das Nebeneinander von lyrischen, theologischen und politischen Texten zeugt vom vielfältigen literarischen Schaffen Kurt Martis. Die sogenannt hohen Feste im Jahreslauf boten ihm eine Gelegenheit, an die Niedrigkeit des Königs zu erinnern, den die Christinnen und Christen ihren Herrn nennen. Das Lied vom *Herrn der Herren* hat es sogar ins Gesangbuch geschafft.[4] Es ist eine der vielen genial eingängig-widerborstigen Verdichtungen des Wort-Gottes-Theologen. Wenn er die konventionellen Weihnachts-, Passions-, Oster- und Pfingstvorstellungen aus unterschiedlichen Perspektiven beleuchtet, ist es einmal der Protest, der sich Luft macht und dann wieder die Verwunderung, die Atem gibt. Ob Lyrik oder Prosa: Die Texte laden zum neuen Sehen ein und zeigen den Texter «als einen der wenigen Sehenden unter der nicht gerade grossen Schar derer, die etwas zu sagen haben» (E. Jüngel)[5].

Die Gabe des Sehens verbindet das Prophetische und das Poetische. Am Festtag nehmen wir uns Zeit für beides, zur Ruhe zu kommen und aufzuwachen. Denn im christlichen Fest schlummert die «gefährliche Erinnerung» (J.-B. Metz) an den Messias, aber auch das Schöne: die Hoffnung und die Freude an der Fülle des Lebendigen. «In Festen leuchtet Frieden und Versöhnung auf.» Weder das eine noch das andere gehört ins religiöse Reservat. «Feste sind möglich, wo man in Freundschaft zusammen isst, trinkt, tanzt, spielt.» Alles hat seine Zeit. Darum sagt der Dichter, der ein Herz hat für das Proletariat: «Nachher kommt wieder der Werktag, der Kampf um den Lebensunterhalt, um den Arbeitsplatz, um Wohnung und um eine minimale Sicherheit mitten in einer Welt der Unsicherheit, des Unfriedens, der Gewalt.»[6]

Am Anfang ist Beziehung, am Ende wird Beziehung sein! Im Gang durch das Kirchenjahr verwischen sich die Feststellungen des Glaubens zu Bewegungen des Lebens. Das Kirchenjahr und das Sonnenjahr, die Feste und die Jahreszeiten, der Sonntag und der Alltag, das Erinnern und die Imagination – eines kommt zum anderen und bildet zusammen ein unvermischtes und ungetrenntes Ganzes. Der Jahreslauf im Kirchenjahr verstrickt den Lebenslauf Jesu mit dem Lebenslauf des Menschen von der Wiege bis zur Bahre. Dazwischen gibt es viel Zwischenräume und Stationen für andere Verbindungen: den Muttertag als Gelegenheit, sich mit der Weiblichkeit Gottes auseinanderzusetzen, den Nationalfeiertag, um Helvetia ein wenig den Kopf zu verdrehen, die Schöpfungszeit, um dem Lebensplaneten Erde Respekt zu erweisen.

Natürlich ist uns die Textauswahl nicht leichtgefallen. Auch über die Kapiteleinteilung lässt sich streiten. Anstelle des «Muttertags» wäre auch der «Frauentag» – der 8. März – eine gute Möglichkeit gewesen, Martis feministisches Manifest im Kalender zu platzieren. Es war eine pragmatische und keine programmatische Entscheidung. Das gilt auch für die Entscheidung, das Vermächtnis des politischen Theologen, der hin und wieder für Mais im bürgerlichen Bern besorgt war, in seinen Gedanken zur Arbeit und zur Schweiz unterzubringen. Dass sich der Barth-Schüler nicht scheut, im Profanen den Glanz des Heiligen zu entdecken, kommt in den Frühlings-, Sommer-, Herbst- und Winterbetrachtungen zum Ausdruck. Sie beginnen immer mit Liebesgedichten – der *liebeskalender* ist eigentlich ein Jahresgedicht, der Monat für Monat der Liebe gedenkt. Wir haben es in vier Stücke zerschnitten. Den kleinen Frevel würde uns Kurt Marti – selber ein Meister der Schnittmuster – hoffentlich verzeihen. Vielleicht würde er uns auch ermahnen, mit dem «Wörtern» aufzuhören und Maria das Wort zu geben …

Wir wünschen Ihnen ein gutes Jahr mit Kurt Martis Texten. Es steht Ihnen, wie beim Gang durch eine Ausstellung, selbstverständlich frei, Ihren persönlichen Pfad zu wählen, bei einem Bild länger zu verweilen und andere auszulassen. Jetzt aber wie es im einladenden März-Abschnitt des *liebeskalenders* heisst: «LÄUTEN UND EINTRETEN BITTE»!

Ralph Kunz & Andreas Mauz
September 2020

---

[1] Pierre Bühler; Andreas Mauz (Hg.), Grenzverkehr. Beiträge zum Werk Kurt Martis, Göttingen: Wallstein 2016.
[2] Kurt Marti, abendland. gedichte, Darmstadt und Neuwied: Luchterhand ⁴1982, 41–44.
[3] Kurt Marti, Die gesellige Gottheit. Ein Diskurs, Stuttgart: Radius-Verlag 2004, 7–9.
[4] RG 867,2.
[5] Eberhard Jüngel, Unsere Augen werden gross und beginnen zu staunen. Dank an Kurt Marti, in: Kurt Marti, Der Heilige Geist ist keine Zimmerlinde. 80 ausgewählte Texte, Stuttgart: Radius-Verlag 2000, 11–15, 11.
[6] Kurt Marti, Feste – Zeichen der Freiheit, der Versöhnung, in: ders., Der Heilige Geist ist keine Zimmerlinde, Stuttgart: Radius-Verlag 2000, 19.

Advent

und maria

1
und maria sang
ihrem ungeborenen sohn:
    meine seele erhebt den herrn
    ich juble zu gott meinem befreier
    ich: eine unbedeutende frau –
    aber glücklich werden mich preisen
    die leute von jetzt an
    denn grosses hat gott an mir getan –
    sein name ist heilig
    und grenzenlos sein erbarmen
    zu allen denen es ernst ist mit ihm –
    er braucht seine macht
    um die pläne der machthaber fortzufegen
    er stürzt die hohen vom sitz
    und hebt die unterdrückten empor
    er macht die hungrigen reich
    und schickt die reichen hungrig weg

2
und maria konnte kaum lesen
und maria konnte kaum schreiben
und maria durfte nicht singen
noch reden im bethaus der juden
wo die männer dem mann-gott dienen
dafür aber sang sie
ihrem ältesten sohn

dafür aber sang sie
den töchtern den anderen söhnen
von der grossen gnade und ihrem

heiligen umsturz

3
dennoch
erschrak sie
am tage
da jesus die werkstatt
und ihre familie verliess
um im namen gottes
und mit dem feuer des täufers
ihren gesang
zu leben

4
und dann
ach dann
bestätigten sich
alle ängste
aufs schlimmste:
versteinert stand sie
und sprachlos
als jesus
am galgen vergeblich
nach gott schrie

5
später viel später
blickte maria
ratlos von den altären
auf die sie gestellt worden war
und sie glaubte
an eine verwechslung
als sie
– die vielfache mutter –
zur jungfrau
hochgelobt wurde

und sie bangte
um ihren verstand
als immer mehr leute
auf die knie fielen
vor ihr

und angst
zerpresste ihr herz
je inniger sie
– eine machtlose frau – angefleht wurde
um hilfe um wunder

am tiefsten
verstörte sie aber
der blasphemische kniefall
von potentaten und schergen
gegen die sie doch einst
gesungen hatte voll hoffnung

6
und maria trat
    aus ihren bildern
und kletterte
    von ihren altären herab
und sie wurde
    das mädchen courage
    die heilig kecke jeanne d'arc
und sie war
    seraphina vom freien geist
    rebellin gegen männermacht und hierarchie
und sie bot
    in käthe der kräutermuhme
    aufständischen bauern ein versteck
und sie wurde
    millionenfach als hexe
    zur ehre des gottesgötzen verbrannt

und sie war
> die kleine therese
> aber rosa luxemburg auch
und sie war
> simone weil «la vierge rouge»
> und zeugin des absoluten
und sie wurde
> zur madonna leone die nackt
> auf dem löwen für ihre indios reitet –
und sie war und sie ist
> vielleibig vielstimmig
> die subversive hoffnung
> ihres gesangs

Winter

liebeskalender

dezember

friede den klinophilen!
zerreisst die bilanzen!
sanfter lebt es sich von der hand
in den mund und königsblau
leuchten berührungen auf

januar

hie- und dasein und was
davon immer mal abfällt
der grünglascontainer quillt über:
geduld muss üben
wer dem leben obliegt

februar

gaukelfrühlinge narren
schneefall stellt richtig
wir flicken rissige wörter
so können sie lange noch halten
(lange genug für uns)

dezembergarten

windleicht
zu schneien beganns
in der bise
friert aufrecht
ein birnenspalier

der gärtnermeister
schneidet und sägt
zuoberst
in kaiser alexanders
fast kahlem
sommerapfelgeäst

angelo
(zigarette im mund)
recht fauliges laub auf

wellige sprünge
mit eins
und an nachbars
hausfassade querauf:
eichhörnchenflucht –

danach
und dämmrig wieder:
unauffälligkeit
gottes
geliebte

dezembernacht

da hock ich
und nacht ist
da hock ich
und zeit wärs

kahlbäume
im kunstlicht
ich träum
zypressen

da hock ich
und möcht noch
und tus nicht
und kalt wirds

Schnee

Die dichten Dinge. Dicht das Gewölk und selbst die Regentropfen. Eines Tages dann Schneeflocken, luftig und leicht, die in sich verschlossene Welt auflockernd mit Gewirbel und Tanz. Und im kahlen Geäst eine Amsel, die sich ein paar Flocken vom Schwanze stäubt.

> Schnee fällt. Wände sinken herab.
> Oh du weiss umstellte Winterwelt,
> So voll des gefalteten Lichts.
> (Otto zur Linde)

Zauberer Schnee! Über Nacht verloren Konturen jede Härte. Über Nacht gelingt der Stille ein kleiner Sieg. Über Nacht hat die müde Welt sich verjüngt. Und am Morgen erinnerst du dich des enzianblauen Himmels, der sich über alpine Skihänge und Schneefirne spannte.

«Es» schneit. Phantasie belebte das «Es» einst mit Göttern oder Gott, mit Petrus oder Frau Holle. Jetzt, bei der Aktionärsversammlung einer Skilift-Gesellschaft, wird der Forderung einhellig zugestimmt: «Wir» müssen beschneien! Frei nach Freud gleichsam: Was Es war, muss Wir werden. Und so werden, da unter 1500 Metern auf Schneefall wenig Verlass mehr ist, Wasserreservoirs gebaut, Wasserleitungen gelegt, um im Winter mit Beschneiungsanlagen die Mangelware Schnee herstellen zu können. So meint man, die Klimaerwärmung überlisten zu können. Allein, ist die Ware Schnee noch der wahre Schnee?

Weihnachten

Weihnachten

> gottes zweite heimat – der mensch
> eberhard jüngel

1
    «phantastisch und schön
ist die erde
      das einzig warme
   lebendige objekt
      das wir sahen
während des fluges im raum»
     (james b. irwin us-lunaut)

2
   mich aber friert
       ach friert
als eisscholle treibt
    im schädelwasser
      mein hirn:
«fast werden wir mutlos»
   schrieb ein tschechischer freund –
bethlehem (jetzt okkupierte stadt)
      hat seine sprache verloren –
   ob krieg oder friede auf erden
der profit
     wird auf immer den gleichen konten
        verbucht
die drei weisen
   bleiben in ihrem morgenland
      wo vielleicht
wo vielleicht
      noch ein gott ist
und wärme unter den menschen

3
dennoch ruht heute
    das börsengeschehen
        und kreist die erde
das grosse versprechen
            phantastisch und schön
        als gottesgestirn noch immer
            im all

Weihnächtlicher Trinkspruch

Unglaublich! Ungeheuerlich! knurrte Monsieur Deluc, in die Zeitung vertieft, ein übers andere Mal.

Madame blickte vom Stickrahmen auf und zu ihrem Gatten hinüber: Was ist denn? Was ärgert dich?

Leider erregte ihr Gatte sich nur allzu leicht in Ärger und Zorn, was seiner geschwächten Leber schlecht bekam. Überdies war 1848 ein in vieler Hinsicht nervenaufreibendes Jahr gewesen, jedenfalls in Paris und erst recht für einen Kaufmann im 16. Arrondissement. Jetzt, am zweitletzten Dezembertag konnte, man bloss noch auf ein ruhigeres neues Jahr hoffen und auf einen amüsanten Silvesterball morgen Abend im Hause Brémont.

Schamlos! Absolut schamlos! empörte sich Monsieur Deluc von neuem.

Willst du mir denn nicht verraten, was dich so echauffiert, mein Lieber? fragte Madame, nun doch neugierig geworden und wohl eine amouröse Skandalgeschichte vermutend.

Seufzend liess Monsieur die Zeitung sinken: Selbst Heiliges ist ihnen nicht mehr heilig, jetzt lästern die plebejischen Schufte sogar Jesus Christus!

Suzanne Deluc lächelte erstaunt: Seit wann denn sorgst du dich um die Religion, um Jesus Christus? Das ist mir ja ganz neu.

Was zu weit geht, geht zu weit, erklärte Monsieur Deluc ebenso aufgebracht wie energisch, ich bin schon immer der Meinung gewesen, dass die fatale Neigung der französischen Plebs zu Revolution und Anarchie nur durch Religion und Autorität in Schranken gehalten werden kann. Bleibt die Religion nicht respektiert, werden die Leute vor nichts mehr Respekt haben.

Madame konnte sich nicht enthalten, mit maliziöser Sanftheit anzumerken: Ach ja, ich weiss, *dein* Respekt vor der Religion ist so gross, dass du seit jeher einen weiten Bogen um Kirchen und Geistliche machst.

Meine teuerste Suzanne! So hob Monsieur Deluc jedesmal an, wenn er Anlass hatte, ärgerlich zu sein und deshalb glaubte, einen milden Tadel anbringen zu müssen: *Meine teuerste Suzanne!* Ich bin Geschäftsmann, ich kann meine Zeit weiss Gott nicht mit Religion vergeuden. Auch verbessert der Christus die Bilanzen unseres Hauses um keinen Franc.

Verbessere *ich* sie denn? entgegnete Madame.

Aber ich bitte dich, Suzanne! Das ist doch etwas ganz anderes.

Madame Deluc schien die Gedankenlogik ihres Herrn und Gebieters nicht recht einzuleuchten. Immerhin glaubte sie den Schluss ziehen zu können: Meinst du also, Religion sei vor allem für Leute, die sich nicht um Bilanzen sorgen müssen?

So ungefähr, räumte er ein, das Volk braucht Religion. Ohne Religion würde es vollends verwildern, würde zügellos wie hier – er wies auf die Zeitung – diese sozialistischen Libertins, die nicht mehr davor zurückschrecken, selbst Christus lächerlich zu machen!

Wie denn? Erzähl doch, oder lies endlich vor! drängte Madame Deluc.

So nahm er die Zeitung wieder auf: Nun gut, hör zu, es handelt sich um ein Weihnachtsbankett dieser elenden Sozialrevoluzzer: Eine Lesung aus der Bergpredigt eröffnete die Zusammenkunft. Nach dem Hymnus auf die Brüderlichkeit, von allen Anwesenden mit Inbrunst gesungen, wurde fröhlich bankettiert. Ein Trinkspruch folgte dem andern. Madame Deroin hob ihr Glas: Auf die Ankunft Gottes auf Erden! Eine andere Dame rief: Auf Christus, den Vater des Sozialismus! Monsieur Bernard trank auf das Wohl des lebendigen Christus und auf das Wohl von Frankreich, Hervé: Auf Saint-Just, den Märtyrer des Thermidor. Danach las auf die Bitte der Anwesenden hin Pierre Leroux wiederum aus der Bergpredigt vor, erläuterte das Gelesene und pries den Advent einer neuen Religion der Brüderlichkeit, die im Sinne Jesu Christi Gerechtigkeit und Wissenschaft, die Bedürfnisse des Herzens und des Leibes vereinige. Diese Improvisation, mit Leidenschaft und Enthusiasmus vorgetragen, wurde mit lebhaftestem Applaus aufgenommen. Man umarmte sich. Dann folgten weitere Trinksprüche: Auf Weihnachten! von Madame Brazier, Auf Gerechtigkeit, auf Freude für alle! von Philippe Augier, Auf die Freiheit! von Alfonse Lanfrey. Herzliche Begeisterung löste schliesslich der Trinkspruch der jungen Thérèse Duquesne aus: Auf die göttliche und die menschliche Liebe! Erneut fielen die Anwesenden einander in die Arme. Alsdann wurde ein einfaches Mahl aufgetragen. Unter angeregten Gesprächen, stets wieder durch Trinksprüche und Improvisationen belebt, zog das weihnächtliche Liebesbankett sich bis spät in die Nacht hinein.

Monsieur Deluc senkte die Zeitung: Voilà, es ist ein Skandal erster Güte, und wer weiss, mit welchen Ausschweifungen das schamlose Treiben zuletzt geendet haben mag.

Neugierig erkundigte sich Madame Deluc: Wird davon etwas gesagt?

Nein, sagte Monsieur Deluc wahrheitsgemäss, aber man kann sich's ja denken, und vielleicht steckt der Berichterstatter mit den Revoluzzern unter einer Decke und hütet sich deshalb, etwas zu verraten.

Oder du stellst dir, mein braver Gaston, die Ausschweifungen bloss vor, sagte Madame Deluc, ich jedenfalls finde alles nicht gar so schlimm, ein bisschen exaltiert, nun ja, ein bisschen rührend auch.

Gleich wollte Monsieur Deluc von neuem aufbrausen, doch seine Gattin kam ihm zuvor: Nicht doch, mein Lieber! Denk an deine arme Leber! Und sagtest du vorhin nicht, mit Bilanzen habe Christus nichts zu schaffen? Womit dann aber hat er etwas zu tun, wenn nicht mit Brüderlichkeit, Liebe, Freude? Auch wir, bedenke, wünschten uns und unseren Bekannten eine «fröhliche Weihnacht».

Christus, Vater des Sozialismus! Saint-Just! Liebe und Geld für alle! zischte Monsieur Deluc, ist das etwa eine fröhliche und nicht vielmehr eine traurige, eine plebejische Weihnacht? Diese Kerle möchten das Rad der Geschichte am liebsten wieder um fünfzig Jahre zurückdrehen. Merkst du denn nicht, was hinter ihren Sprüchen und Tiraden steckt? Nichts als Aufruhr, Anarchie und Gleichmacherei!

Sind vor Gott denn nicht alle Menschen gleich? wagte Madame Deluc einzuwenden.

Vor Gott? Ja, natürlich, vor seinem himmlischen Thron, aber doch nicht hier auf Erden! Wozu denn gibt es Regierungen, Könige, Autoritäten? Doch wohl, um für Ordnung, Gehorsam und Respekt zu sorgen. Wozu gibt es die Kirche? Um dem Volk Moral und Bescheidenheit beizubringen.

Davon aber steht, so viel oder so wenig ich noch weiss, nichts in der Bergpredigt, entgegnete Madame Deluc.

Umso schlimmer für sie! rief der Gatte aus, vielleicht wär's gut, ihre Verbreitung zu verbieten.

Na, na, verwunderte sich Madame Deluc, ginge das nicht zu weit? Gehört die Bergpredigt denn nicht zur Religion?

Nicht zu der, die heute nötig wäre, behauptete Monsieur Deluc, hingerissen von seinem Zorn, die Zeiten haben sich gewaltig geändert, die Lehren von gestern oder vorgestern taugen wenig mehr.

Mag wohl sein, gab Madame zu, aber der Wunsch der Menschen nach Liebe und Freude ist derselbe geblieben.

Liebe, Freude? Gut und schön, sagte Monsieur, aber damit verdienst du keinen Sou! Was zählt, sind Arbeit, Pflichterfüllung, Fleiss! Das andere ist angenehme Zutat, sozusagen das Dessert, das die Tüchtigen belohnt.

Und alle die Armen, die Elenden, die ohne eigenes Verschulden arm sind, arm bleiben, gerade hier in Paris? fragte Madame.

Liebste, ich weiss, du hast ein gutes Herz, versuchte Monsieur einzulenken, auch habe ich nichts dagegen, dass du grosszügig Almosen gibst. Trotzdem solltest du die Gefährlichkeit der sozialistischen Wirrköpfe nicht unterschätzen. Die wollen doch bloss an unser sauer verdientes Geld! Kämen sie, was Gott verhüten möge, jemals an die Macht, so könntest du auch keine Almosen mehr geben.

Madame gähnte und schlug vor: Trinken wir noch ein Glas Wein? Sie klingelte nach dem Hausmädchen und hiess es, die angebrochene Flasche und zwei Gläser zu bringen. Als dies geschehen war, hob Madame ihr Glas und fragte: Und nun, wie lauten denn unsere Trinksprüche?

Monsieur Deluc stutzte, überlegte. Dann – zum ersten Mal an diesem Abend, glitt der Anflug eines Lächelns über sein Gesicht – sagte er, das Glas erhebend: Auf meine schöne, meine liebreizende Julie!

Madame ihrerseits entschloss sich, da er ihr gefallen hatte und auch vollkommen ahnungslos, zum eben aus dem Zeitungsbericht aufgeschnappten Trinkspruch: Auf die göttliche und die menschliche Liebe!

Doch leider hatte Monsieur Deluc seiner zweiten Gattin nie anvertraut, dass er eine ausserehelich Tochter hatte und dass diese – Thérèse Duquesne hiess! So vermochte sich Madame auch später nicht zu erklären, weshalb ihr Gaston augenblicklich erbleichte, das Weinglas auf den Teppich fallen liess, um mit beiden Händen nach seinem Herzen zu greifen.

Der Hausarzt, nach dem das Mädchen sofort gerannt und der bald auch gekommen war, stellte einen Herzanfall fest und seufzte: Der gute, unbelehrbare Gaston! Sagte ich ihm nicht immer wieder: Mein Lieber, du erregst dich zu rasch, zu heftig! Jetzt, wo du eine junge hübsche Frau hast, solltest du ihr mehr Zeit widmen und weniger arbeiten. Nun wird er sich zwangsläufig schonen müssen, wird Ruhe brauchen und vorerst leider auf Ihre Pflege angewiesen sein, Julie.

weihnacht

damals

als gott
im schrei der geburt
die gottesbilder zerschlug

und

zwischen marias schenkeln
runzelig rot
das kind lag

Wohin mit meiner Wut?
Zur Weihnachtsgeschichte

Wut.

Sie passt, ich weiss, schlecht zur Weihnachtsgeschichte, zur Ausrufung des Friedens Gottes auf Erden.

Frieden?

«Es gibt wichtigere Dinge als Frieden», verlautete in einem der Weltmachtzentren. Trotzdem wird, wo dies verlautet, am Weihnachtstag ein riesiger Weihnachtsbaum aufleuchten, mit elektrischen Glühbirnen, versteht sich. Und Krippenfiguren werden aufgestellt, Weihnachtslieder gesungen, vielleicht wird sogar die lukanische Weihnachtsgeschichte gelesen werden.

Wut. Wut. Tränen der Wut.

Mit Weihnachtsliedern dem nuklearen Holocaust entgegen.

«Was haben Sie für ein Menschenbild?», wurde ich kürzlich von Studenten gefragt. Antwort I: Das der Bibel, falls diese überhaupt ein bestimmtes Menschenbild kennt, denn der Mensch ist mehr als alle Bilder von ihm, weil er – als Mann und Frau – das Bild Gottes ist. Antwort II: Heute hat sich der Mensch zu jenem – einzigen! – Wesen gemacht, das seine eigene Gattung auslöschen kann. Davon ist realistischerweise auszugehen. Im Verhältnis zu Antwort I bedeutet das möglicherweise, dass es uns nicht genügt, Bilder Gottes zu sein, wir möchten selber Gott dieser Erde werden. Da wir die Erde jedoch nicht erschaffen können, bleibt uns als Beweis dafür, dass wir wie Gott sind, nur die Zerstörung der Erde, die selbstgemachte Apokalypse.

Wut, ich weiss.

Dabei ist Wut alles andere als eine theologische Tugend.

Die wutlose Weihnachtsgeschichte versetzt mich in Zweifel, ins Unrecht wohl gar. Beten also, beten um kühleren Kopf zum Gott der Weihnachtsgeschichte:

> Gott in den Himmeln,
> Gott für die Erde,

> nimm
> – um Deines Friedens willen –
> die Wut von mir!

Doch nichts geschah, geschieht. Die Wut weicht nicht, ebbt höchstens ab oder wird für eine Weile verdrängt, dann ist sie wiederum da, steigt hoch, wenn ich lese, was uns diesmal der verteidigungspolitische Herr Berater wissen lässt: «Ich meine, die höchste Form von sozialer Sicherheit ist immer noch ein starkes Militär.» Also, was soll das soziale Geplärr! Herunter mit den Sozialausgaben, hinauf mit den Rüstungskrediten! Und setzt sich, ein Christ auch er, am 24.12. unter den Weihnachtsbaum, glänzenden Auges womöglich.

Wut, Wut.

Pro Kopf der Erdbevölkerung sind 15 Tonnen (*Tonnen!*) Sprengstoff bereitgestellt. In Europa warten auf jeden Einwohner 60 Tonnen (*Tonnen!*) Sprengstoff. Und das, sagt man, sei noch lange nicht genug.

> «In den Himmeln: Gottes Macht!
> Licht!
> Und Herrlichkeit!»

In den unteren Himmelsregionen aber wird mit Satelliten, Raumfähren usw. zielstrebig aufgerüstet und hängen also über jedem einzelnen Frauenkopf, Männerkopf, Kinderkopf 15 oder 60 Tonnen Sprengstoff, je nach geografischer Lage ...

Wäre alles leichter zu ertragen, wenn man ein radikaler Pessimist wäre wie E. M. Cioran, der schreibt: «Meine Vision von der Zukunft ist so deutlich, dass ich, hätte ich Kinder, sie auf der Stelle erdrosseln würde»?

Ich bin jedoch kein Pessimist und vielleicht deswegen wütend. Ich bin nicht Pessimist und habe Kinder. Um ihretwillen und um aller Kinder willen, die ich als Pfarrer durchs Jahr hindurch taufe, gelingt es mir nicht, wutlos zu bleiben. Es gelingt mir noch weniger, meine Wut in kühl überlegenen Pessimismus zu verwandeln.

Weit intensiver als noch vor wenigen Jahren ruft mir heute jedes Kind, das ich taufe, das Baby von Bethlehem in Erinnerung. Diese weihnächtliche Tauf-Assoziation habe ich behelfsmässig so zu formulieren versucht:

> Kinder taufen
>
> Steilum
> stauen
> die Unheile sich –
>
> bricht,
> was da kommt,
> mit Dammriss
> und Sturzflut
> herein?
>
> Noch aber,
> noch taufen wir
> dem Gotte,
> der Kind war,
> die Kinder
> scheu
> ins Gedächtnis.

Aber auch andersherum wäre die letzte Strophe denkbar und möglich:

> Noch aber,
> noch taufen wir
> uns Christen
> den Gott,
> der Kind war,
> neu
> ins Gedächtnis.

Ich weiss, die Wendung vom «Gott, der Kind war» vereinfacht. Die lukanische Geschichte enthält keine derartige Aussage. Geboren wird «euer Herr, der Messias» als Gottes Friedensbringer und «Retter».

Dennoch, was Lukas hier erzählt, kommt mir vor wie die Geschichte der Abrüstung Gottes. So hat es schon der böhmische Kantor Nikolaus Herman (1480–1561) in seinem Weihnachtslied gedichtet, in der dritten Strophe:

> «... entäussert sich all seiner Gwalt,
> wird niedrig und gering
> und nimmt an sich eins Knechts Gestalt,
> der Schöpfer aller Ding.»

Machtverzicht, Abrüstung Gottes bis auf das Kind in der Krippe, bis auf den Mann am Kreuz. Selbstentäusserung, Machtentäusserung: so formuliert ebenfalls der Christus-Hymnus im Philipperbrief. (2,6–11). Gott geht in seinem Messias voran und rund drei Jahrhunderte lang ist ihm die Kirche gefolgt, hat die Zugehörigkeit zur messianischen Gemeinde für unvereinbar gehalten mit der Zugehörigkeit zu irgendeiner Armee.

Und dann, man weiss es, der Sündenfall der Kirche.

Und jetzt; in der gleichen Stunde, wo ich dies schreibe, werden weltweit 80 Millionen Franken oder D-Mark für Rüstung ausgegeben, verhungern zugleich aber 2000 Kinder.

Anti-Weihnacht.

Und der Count-down zum Overkill ist im Gang. Es «genügt ein einziger Verrückter, ein Politiker oder ein Soldat, der des Friedens überdrüssig ist, oder ein Irrer, der eine Krise falsch einschätzt, um die gesamte Zivilisation der nördlichen Hemisphäre zu vernichten». (Nigel Calder)

Wohin, ach, mit meiner Wut, ehe sie sich in Traurigkeit und Fatalismus verwandelt?

Wutlos, ergeben gehorchen Joseph und Maria dem obrigkeitlichen Befehl, trotz der nahen Niederkunft. Ist die Weihnachtsgeschichte vielleicht deswegen der auch von Obrigkeiten am liebsten gefeierte (ja: gefeierte!) Bibeltext? Seht, wie fügsam die beiden sind! Keine Schwierigkeiten, kein Widerstand! So hat man's gern: den Autoritäten – sei's die himmlische, seien's irdische – ergeben.

Auch bei den Hirten auf dem Feld: kein Anzeichen irgendeiner Wut. Vielleicht gab's auch wenig Grund für sie, wütend zu sein.

Der, die Engel? Engel in Wut, das gibt's nicht einmal auf einem Paul-Klee-Bild. Engel sind erst recht erhaben über solche Emotionen.

Ich stehe vor der Weihnachtsgeschichte und kann meine Wut nirgends hinlegen. Alles leuchtet in Gehorsam, Freude, Engelsglanz. Die Geschichte schliesst mich aus. Oder wenn nicht mich, so doch meine Wut.

Was aber soll mir diese Geschichte, die sich taub stellt für meinen Schrei, für meine Wut?

> Gott in den Himmeln,
> Gott für die Erde,
> wohin
> – um Deines Friedens willen –
> mit meiner Wut?

Nein, man darf ein kleines Kind nicht wecken, auch das in der Krippe nicht. Psst, psst, kein Gezeter, keinen Streit, keine Schreie, keine Wut! Schlaf in himmlischer Ruh'!

Vielleicht ist Weihnachten just wegen dieses schlafenden Kindes zum beliebtesten aller Christenfeste geworden. Einmal im Jahr wird es betrachtet in seinem süssen Schlaf – und dann wieder munter an die Geschäfte, an die Weiterrüstung, der Herr, der Veränderer (= Messias), schläft ja den Schlaf seiner scheinbar ewigen Kindheit.

So vielleicht.

Aber nun trumpft meine Wut auf, voll Hoffnung plötzlich, und ruft: Ihr irrt euch, das Kind schläft nicht mehr, es ist erwacht, schon längst! Das Kind ist ein Mann geworden und wenn ihr das Evangelium des Lukas oder eines der anderen Evangelien lesen würdet, dann wüsstet ihr, dass er, der Mann, seinen Mund aufgetan, laut und deutlich geredet hat. Kein Weghören, kein Abwiegeln («Gesinnungsmoral», «nur für Ich-Du-Beziehungen tauglich» usw.) schafft seine Worte aus der Welt. Und was ist die Quintessenz dieser Worte? «Gott hat abgerüstet – rüstet auch ihr ab!»

Nein, so steht es in keinem der Evangelien. Und dennoch läuft's auf das hinaus, muss heute so formuliert werden, weil es zum kalten Wahnsinn der totalen, zudem hochsensiblen Überrüstung keine andere Alternative mehr gibt.

Und meine Wut?

Jesus, der Mann, hat sie artikuliert in der Art etwa, wie er den Tempel, damals von einer religiös-kommerziellen Filzokratie beherrscht, gereinigt hat. Er hat meine Wut artikuliert in seinen Schmähreden gegen den Ungeist der geistigen Führer: «Ihr übertünchten Gräber, auswendig schön, inwendig aber voll von Totengebeinen und Unrat!» – «Ihr Schlangen! Ihr Natterngezücht! Wie wollt ihr dem Gericht der Hölle entrinnen?» Und dazu die visionären, heftigen Bilder seiner apokalyptischen Reden!

Bei Jesus, dem Mann, findet meine Wut eine Möglichkeit, sich mitzuteilen, weil sie spürt, dass sie geteilt wird, nicht unkritisch zwar, aber so, dass aus ihr noch etwas werden könnte.

> Gott in den Himmeln,
> Gott für die Erde,
> verwandle
> – um deines Friedens willen –
> meine vielleicht unheilige
> in die heilige Wut
> Deines Sohnes!

Die heilige Wut Jesu trug ihm den bekannten Schnellprozess und die Hinrichtung ein, aber auch die österliche, pfingstliche Bejahung Gottes.

Und *dieser* Mann also lag damals als Kind in der Krippe! Im Blick auf seine *zukünftigen* Taten, Reden, Leiden riefen die Engel Gottes Frieden aus für die Erde.

Texthistorisch ist nachgewiesen, dass die Geschichten rund um das Kind in der Krippe vorgespannte Nachzügler der Evangelien, d. h. von den Begegnungen mit dem erwachsenen Jesus her konzipiert sind. Deutlicher noch: Erst nach der Auferstehung des Gekreuzigten hat sich überhaupt Interesse geregt für seinen Anfang, für seine Geburt, die sich deshalb sogleich ins Licht seiner schon geschehenen Auferstehung verklärt hat. Der Engel der Weihnacht könnte der Engel des Ostermorgens sein. Der Friede, der erschrockenen Hirten verkündet wird, ist der Friede jenes Grusses, mit dem der Auferstandene unter die erschrockenen Jünger tritt: «Friede mit euch!» Die Weihnachtsgeschichte widerstrahlt vom Osterglanz und ist deswegen wutlos.

Ostern wie Weihnachten sind Kundgaben der grossen Bejahung Gottes, für die der Retter, der Messias gutsteht. Deshalb:

«Seht ich verkündige euch,
dass eine grosse Freude
bald das ganze Volk ergreifen wird;
denn heute wurde euch in der Stadt Davids
der Retter geboren: euer Herr, der Messias.»

Dieses Ja Gottes zum Menschen, zum «Volk», zur Erde, ist das A und O des Evangeliums! Jesu Nein, seine Wut gegen Tempelkommerz, frommen Dünkel und Machtwahn wurzelt im grossen göttlichen Ja – allein deshalb ist seine Wut eine heilige. Und so allein kann auch meine, unsere Wut zu einer heiligen werden! Nicht aber geht es darum, emotionslos zu werden, wie von einem stoischen oder technokratischen Missverständnis des Glaubens her etwa gefordert wird.

«Und dies ist das Zeichen für euch:
Ihr werdet ein Kind finden,
das in Windeln gewickelt in einer Krippe liegt.»

Was ist ein Säugling? Nichts als bedürftige Kreatürlichkeit, nichts als elementare Emotion! Er lacht, schreit, weint.

Und was besagt das «Zeichen» des Kindes in der Krippe noch?

Dass die Rettung darin besteht, zu werden, was wir sind: geburtliche, sterbliche Menschen – und dass Verloren-Gehen heisst: werden zu wollen, was wir nie sein können, nämlich Götter der Erde (es reicht, schlimm genug, nur zu holocaustischen Götzen, Molochs)!

Mich jedenfalls hat das österlich/weihnachtliche Ja Gottes zum Menschengeschöpf bisher denn doch immer noch, immer wieder aufgestellt, hat meine Wut nicht besänftigt, wohl aber vernünftigt. Sicher, der Christen-Gott hat eine Heidenmühe mit mir, mit meiner Vernünftigung! Aber gegen die mörderische Irrationalität der Megatod-Rationalisten, gegen den finstern Wahnsinn der Overkill-Manager hilft einzig eine leidenschaftliche, von Emotion durchpulste, sogar von Weinen und Wut angetriebene Vernunft – die liebende Vernunft des erwachsenen Jesus! Und das ist: die Vernunft der Liebe zum Nächsten, zum Fremden, zum Feind! Immer klarer stellt sich heraus, dass nur sie uns noch Zukunft öffnen, Leben schenken kann.

> Gott in den Himmeln,
> Gott für die Erde,
> so münze
> – um deines Friedens willen –
> meine Wut stets wieder um
> in die heilige Vernunft
> deiner Liebe!

Mit diesem Gebet jetzt aber hinein in die Kirche, in die Politik, in Aktionen und Subversionen der Vernünftigung! Die Wut nehme ich mit, in meiner Tasche, gemäss dem Rate eines chassidischen Rabbis: «Seit ich die Wut gebrochen habe, trage ich sie in der Tasche. Wenn ich sie brauche, hole ich sie hervor.»

mitternachtsgottesdienst
nydeggkirche bern 24./25.12.1972

und auf einmal fuhr
        jesaias friedensvision (kapitel 11)
        in die glieder und körper
        wurde bewegung und tanz
        zu den klängen und rhythmen
        von emerson lake und palmer
und auf einmal brachen
        immer mehr frauen und männer
        aus regloser nachdenklichkeit
        und starren kirchenbankreihen aus
um mitzutanzen in dieser heiligen nacht
        und gegen eine heillose welt
        wo soeben hanoi und haifong
        bombardiert worden waren
        wie noch niemals zuvor
um mitzutanzen erst recht
        HIC CHRISTUS HIC SALTA
        für den frieden auf erden
        zwischen dem wolf und dem lamm
        zwischen dem kind und der schlange

Weihnachten

Macht hoch die Tür, die Tore weit, sangen sie in der niedrigen Stube, und einer der jungen Leute hielt eine brennende Kerze. Es kommt der Herr der Herrlichkeit, ein König aller Königreich, sangen sie, und eine alte verwitterte Frau hörte zu. Ein Heiland aller Welt zugleich, der Heil und Leben mit sich bringt, sangen sie, und eine junge Frau strich sich mit schmutzigen Händen über die schmutzige Schürze. Derhalben jauchzt, mit Freuden singt, gelobet sei mein Gott, sangen sie, und ein verschmiertes Kind starrte sie an mit gross aufgerissenen Augen. Macht hoch die Tür, die Tor macht weit, das Herz zum Tempel macht bereit, sangen sie, müde schon und ohne genau zu bedenken, was sie sangen. So kommt der König auch zu euch, ja Heil und Leben mit zugleich, sangen sie, wie sie schon in einem Dutzend niedriger Stuben gesungen hatten. Komm, o mein Heiland Jesu Christ, sangen sie. Und er kam. Die Türe ging auf, er kam und schwankte, ein taumliger Riese, er kam und zog die Tür hinter sich zu, hielt sich an der Türfalle fest und begriff vorerst nichts, mit stumpfen Augen glotzte er in die niedrige Stube, die voll war von Menschen, glotzte, an die Türe gelehnt, begriff nichts, aber auf einmal bewegte er sich, übertrieben und plötzlich, er kam und schubste sich, Hände voran, durch die Sänger und versuchte, die Rechte eines jeden zu finden, die Zunge stolperte über Dankesworte, sein rechter über den linken Fuss, die Alkoholfahne wehte aus sabberndem Mund, dann hielt er sich wieder fest, zufällig an einem Fensterriegel, rülpste, schnitt unerklärliche Grimassen und wandte den Kopf zur Seite, man wusste nicht, drängte es ihn zu heulen oder war ihm zum Brechen übel. Vielleicht beides zusammen. Erschrocken begannen die Sänger wieder zu singen, sie sangen ein anderes Lied, sie sangen presto-prestissimo, heut schleusst er wieder auf die Tür, sangen sie, und der Riese hing unberechenbar am Fensterriegel, zum schönen Paradeis, sangen sie, und er verdrehte die Augen, die Stirnader schwoll, als platze er demnächst vor Zorn, der

Cherub steht nicht mehr dafür, sangen sie, aber er stand, er hing am Fensterriegel und schwankte, aber er stand, Gott sei Lob, Ehr und Preis, sangen sie, das Herz zusammengepresst und mit kurzem Atem vor Angst, er bewegte den struppigen Schädel dazu, doch war nicht deutlich, nickte er Zustimmung oder stiess ihm was auf. Schöne Weihnachten, wünschten die Sänger und schoben einander zur Türe hinaus. Er blabberte etwas. Die alte Frau verwitterte noch mehr, die junge hielt ihren Kopf gesenkt. Affen, hat er gesagt, behaupteten auf der Strasse die einen, nein Amen, sagten die andern. Vielleicht beides, wer weiss, Gott weiss es, Welt ging verloren, doch Christ ist geboren.

Weihnachtsbaum

25.12.83

Die Sitte des Weihnachtsbaumes scheint aus dem Elsass zu stammen. Im *Narrenschiff* (1494) schreibt Sebastian Brandt vom elsässischen Brauch, Tannenreis ins Haus zu stecken. Der erste Tannenbaum soll 1539 im Strassburger Münster aufgestellt worden sein. Ebenfalls im Elsass wurde im 17. Jahrhundert damit begonnen, junge Tännchen in die Wohnstuben zu holen. Zornig wetterte der Münsterprediger und Professor Johann Konrad Dannhauer (nomen est omen?) in Strassburg: «Unter den Lappalien, damit man die alte Weihnachtszeit oft mehr als mit Gottes Wort begeht, ist auch der Weihnachts- oder Tannenbaum, den man zu Hause aufrichtet, denselben mit Zucker und Puppen behängt und ihn hernach abblümen lässt.» Bis heute verwerfen manche christliche Sekten, ebenso die Zeugen Jehovas, den Christbaum als heidnisches Idol. Heidnische, vorchristliche Fruchtbarkeitssymbole sind auch die Äpfel, die Nüsse, ebenfalls die Kerzen, die bei den römischen Saturnalien (17.–23. Dezember) und am Dionysosfest (am 6. Januar, Datum des «anderen» Weihnachtsfestes!) als brennende Phalli entzündet worden sind, um Trinkgelage, Tanzereien und Ausschweifungen halb zu beleuchten, halb zu verbergen.

Trotz aller Anprangerungen hat sich der Baum-Brauch, ungefähr im Gleichschritt mit Industrialisierung und der Entwicklung zur Kleinfamilie, weiter ausgebreitet. Fürstliche Forste mussten bewacht werden, um den Raub von *Weihnachtsmeien* und Jungtannen zu verhindern. Man fürchtete um den Waldbestand. Fichten und Rottannen verdrängten das bis dahin übliche Weihnachtsgrün wie Buchsbaum, Stechpalme, Eibe oder in der Hauswärme zum Treiben gebrachte Kirsch- und Weichselbäume.

Sollte der Krieg ein Mit-Vater auch dieses Dings gewesen sein? Im Winter 1870 ordnete König Wilhelm I. an, Weihnachtsbäume in grossen Mengen zu den Soldaten an die deutsch-französische Front zu schaffen. Diese «Frontunterhaltung» gefiel so gut, dass die Soldaten, wieder zu Hause – und erst noch als Sieger! – dem Weihnachtsbaum in allen Bevölkerungskreisen des jungen Deutschen Reiches Eingang verschafften. Das Elsass, Ursprungsland des Christbaumes, gehörte ja ebenfalls zur damaligen Kriegsbeute der Deutschen!

Die Nazis, Neuheiden auf fatale Weise, versuchten, Weihnachten zum Sonnwend- und Julfest, den Christbaum zur Jultanne umzudeuten. Vitalismus sollte das Evangelium ersetzen.

26.12.83

Einst: Lebensbäume, lebendige Bäume. Christbäume dagegen: gefällte, «getötete» Bäume. Man geht nicht zu ihnen hinaus, man holt sie in die Häuser herein. Danach transportiert ein Müllwagen sie ab: symptomatisch für unseren Umgang mit Bäumen, mit der Natur überhaupt?

Warum fällt mir hierzu Bonifatius ein, der Germanenmissionar? Seine bekannteste Tat war es, in Geismar die heilige, dem Gott Donar geweihte Eiche zu fällen und mit ihrem Holz eine Kapelle zu bauen. Dass der Donnergott nicht umgehend mit einem Strafblitz antwortete, um den Eiferer niederzustrecken, wurde als Beweis für die Ohnmacht Donars gegenüber der Macht des Christengottes verstanden und propagiert. Inzwischen geben uns ausgebliebene Machtbeweise des durch Auschwitz, Hiroshima, Kambodscha und Overkillpotenz noch ganz anders herausgeforderten Christengottes freilich ebenfalls zu denken.

Ein «getöteter» Baum war auch der Galgen Jesu, was die Feministin Mary Daly zu einem Satz veranlasste, der die Religion des Kreuzes insgesamt treffen soll: «Der Baum des Lebens wurde ersetzt durch das nekrophile Symbol eines toten Körpers, der an totem Holz hängt.» (GynOekologie, eine Meta-Ethik des radikalen Feminismus, München 1981) Für mich ist das Kreuz jedoch kein Symbol. Es erinnert an eine reale Hinrichtung und daran, dass «der Anführer des Lebens» (Apostelgeschichte 3,15) zugleich der Anführer aller Beseitigten und Hingerichteten, sein Gott die Stimme der Stummen und der zum Verstummen Gebrachten ist. Sobald Symbolitis und Mythologitis sich der Kreuzigung bemächtigen, wird der Skandal dieser Exekution entschärft. Bei Mary Daly geschieht das ebenso wie umgekehrt in jenen Verknüpfungen von Kreuz und Lebensbaum, die eine lange Tradition haben und zum Beispiel in einem Gedicht des Anthroposophen Albert Steffen noch einmal zelebriert werden. Nicht ohne Grund bleibt ein solches Gedicht jedoch unbefriedigend, wirkt seine Zusammenschau von Baum und Kreuz, von Natur und Geschichte forciert:

> «Lasst uns die Bäume lieben,
> die Bäume sind uns gut,
> in ihren grünen Trieben
> strömt Gottes Lebensblut.
>
> Einst wollt das Holz verhärten,
> da hing sich Christ daran,
> dass wir uns neu ernährten,
> ein ewiges Blühn begann.»

Ist Weihnachten heilbar?

Weihnachten ist ein Fest. Aber was für ein Fest?
Es ist, beobachtet man den Aufwand, die Selbstdarstellung der Überflussgesellschaft. Statt Selbstdarstellung könnte man auch sagen: Selbstausstellung. Unsere Stadt gleicht in dieser Zeit einer einzigen, glanzvollen Ausstellung aller nur denkbaren Schätze und Güter. Es ist ein wahrer Genuss, jetzt durch die Stadt zu spazieren. Das Auge sieht sich nicht satt an all dem Überfluss und Glanz.

Mir gefällt das alles überaus. Ich geniesse es. Ein Narr, wer sich nicht freute, in einer Überflussgesellschaft, in einer Überflusswirtschaft leben zu dürfen – selbst dann, wenn er sich vom Überfluss nur ein kleines, bescheidenes Häppchen leisten kann, sei es als Geschenkgeber oder als Geschenkempfänger. Auch die kleinen Geschenkhäppchen tragen den Glanz strahlenden Überflusses.

Anlass, wenn nicht Vorwand zu dieser glanzreichen Selbstdarstellung unseres Überflusses ist die Geburt Jesu Christi. Es hat wenig Sinn, immer neu darauf hinzuweisen, dass Anlass und Aufwand dieses Festes qualitativ und quantitativ in einem merkwürdigen Missverhältnis stehen. Unsere Weihnachten ist, wie sie ist. Fromme Bedenken ändern daran nichts, Einwände und Aufrufe zur Selbstbesinnung fruchten nur bei Vereinzelten etwas. Die Suggestion und Macht der Überflussgesellschaft ist stärker als das, was der eigentliche Anlass des Ganzen ist, stärker also als die echte Vergegenwärtigung der Menschwerdung Gottes in Jesus Christus.

Ein Theologieprofessor hat letztes Jahr in der Hamburger Zeitung «Die Zeit» eine Radikalkur vorgeschlagen, nicht zuletzt aus der Einsicht heraus, dass das Weihnachtsfest nicht mehr «heilbar» sei. Er meinte, die Kirche täte am besten, das Weihnachtsfest als kirchliches Fest kurzum zu streichen. Er konnte dafür auch Gründe nennen: textkritisch gesehen, so stellte er (keineswegs als einziger!) fest, seien die Weihnachtsgeschichten bei Matthäus und Lukas als Legenden zu beurteilen. Die Hirten, die Weisen aus dem Morgenland, die Vorgänge in Bethlehem: das alles sei eher legendäre Ausmalung, die sicher nicht einfach sinnlos, aber doch unhistorisch sei. Historisch sicher sei eigentlich nur eine Tatsache: dass Jesus geboren worden sei – aber niemand wisse genau, wann, wo und unter welchen Umständen. Im Übrigen, so argumentierte dieser Theologe weiter, sei von einem Weihnachtsfest im Neuen Testament nirgends die Rede, die ersten christlichen Gemeinden in Palästina und im ganzen Mittelmeerraum hätten nur ein christliches Fest gekannt und gefeiert, nämlich Ostern. An ein Weihnachtsfest habe man gar nicht gedacht, denn nicht die Geburt, sondern die Auferstehung Jesu Christi von den Toten sei das Glauben und Kirche gründende Ereignis. Aus all diesen Gründen sei es durchaus denkbar, dass die Kirche das Weihnachtsfest wieder aufgebe, da dieses ohnehin aus einem christlichen Fest zu etwas ganz anderem geworden sei, nämlich eben, wie ich es nennen möchte, zu einer Selbstdarstellung und Selbstausstellung unserer Überflussgesellschaft.

Ich muss gestehen, dass mich diese schockierenden Ausführungen eines Theologen beindruckt haben. Man kann ihnen ein gewisses Recht nicht absprechen.

Dennoch: Ganz sinnlos ist es nun doch nicht, die Geburt Jesu Christi irgendeinmal zu feiern, selbst wenn man nicht weiss, wann, wo und unter welchen Umständen genau er geboren wurde.

Was Weihnachten nämlich, nach allem Rummel und Glanz, ausbringt, ist meistens unsere Verlegenheit, Hilflosigkeit, Traurigkeit. Es gibt, ist man an den Weihnachtsabenden in seinen vier Wänden, sehr viel glanzlose Resignation, Müdigkeit, Ratlosigkeit. Und ich meine fast: Das ist an Weihnachten vielleicht das Echteste! Die Weihnachtsmelancholie ist möglicherweise unser bestes Teil. Sie verrät eine tiefere Rat- und Mutlosigkeit. Gerade sie zeigt aber, wie sehr wir Ermutigung nötig haben. Nämlich Ermutigung dazu, Menschen zu sein, Menschen mit ihren Höhen und Tiefen, Menschen in Freude, Leid, Verzweiflung, Menschen auch mit ihrer inneren Leere und mitmenschlichen Verlegenheit und Ungeschicktheit. Die Geburt Jesu Christi ist das Ereignis, das uns zu uns selber und zum Mitmenschen neu Mut macht. «Die Menschwerdung Christi, das ist die grosse Ehrung des Menschen. Damit ist prinzipiell jeder Mensch geadelt.» (Karl Barth)

Ich weiss nicht, ob das Weihnachtsfest, wie wir es feiern, heilbar ist. Aber ich glaube, dass die Tatsache der Menschwerdung und Menschenexistenz Jesu Christi die Heilbarkeit des Menschen und der menschlichen Verhältnisse manifestiert.

In der Schweiz wird es Weihnacht

Die Schweiz ist ein ruhiges Land: Wenn Arbeiter streiken, gilt dies als ökonomische Sabotage. Streikt hingegen das Kapital, so ist es ein ökonomischer Sachzwang.

Die Schweiz ist ein braves Land: Ziviler Ungehorsam wird nur in der Form von Steuerhinterziehung geduldet.

Die Schweiz ist ein diskretes Land: Zensur existiert hier nicht, aber sie funktioniert. Nie wurde ein Radikalenerlass beschlossen, er wird nur angewendet.

Die Schweiz ist ein friedliches Land: «Wer nicht schiessen will, den sollte man kastrieren», wurde jüngst an der kantonalen Delegiertenversammlung einer der staatstragenden Bundesratsparteien gesagt.

Die Schweiz ist ein demokratisches Land: In freien Abstimmungen darf sich das Volk gegen seine eigenen Interessen entscheiden.

Die Schweiz ist ein prosperierendes Land: Unsere Wirtschaft will wachsen und wachsen, auch auf die Gefahr hin, dass einst nichts mehr wachsen könnte (doch keine Sorge: Seveso ist in Italien).

Die Schweiz ist eine Idylle des Status quo: Zum Bestehenden, wie es gerühmt und verteidigt wird, gehört die Freiheit zur weiteren Zerstörung dessen, was besteht.

Die Schweiz ist ein Land ohne nennenswerten Terrorismus bisher: Das haben wir, heisst es, dem Vorsorgezentrum an der Englischviertelstrasse 22 in Zürich zu verdanken.

Die Schweiz ist ein patriotisches Land: Am patriotischsten sind die Parteien und Gruppen armer Millionäre, die nur ein bescheidenes bis gar kein Einkommen versteuern können.

Die Schweiz ist ein freies Land: Jeder darf ungeschminkt seine Meinung äussern, falls er bereit und fähig ist, Sanktionen beruflicher und ökonomischer Art zu tragen.

Die Schweiz ist ein unvergleichliches Land: Auch die, die über sie seufzen, schimpfen, wandern nur selten aus.

Die Schweiz ist ein kleines Land: So klein ungefähr, wie alle Staaten sein müssten, wenn die Welt friedlicher werden soll. «Zu manchen Lastern sind wir nicht gross genug», hat Adrien Turel gesagt, und schön wär's, wenn sich dies von allen Staaten sagen liesse.

Die Schweiz ist ein glückliches Land: Sogleich nach ihrem Eintritt in den Himmel erkundigen Schweizer sich nach dem dortigen Auslandschweizerverein. Nicht umsonst ist das Wort «Heimweh» durch heimwehkranke Eidgenossen in die deutsche Sprache gekommen.

In der Schweiz wird es Weihnacht. Menschliche Beziehungen und Gefühle werden in diesen Tagen gerne durch gegenseitigen Austausch von Waren ausgedrückt. Gefühle, die sich durch diese zeitweilige Rückkehr zur Tauschwirtschaft nicht ausdrücken lassen wollen, erzeugen psychische Störungen, Festtagsdepressionen, Konflikte usw., alles Phänomene, die unter dem Begriff «Weihnachtssyndrom» bekannt sind. Gegen das Syndrom helfen Wintersport und Höhenluft am besten. Im Übrigen scheint das Weihnachtssyndrom in Gegenden, wo die Fasnacht Beziehungen und Gefühle jährlich auslüftet, weniger häufig aufzutreten.

In der Schweiz wird es Weihnacht, obgleich vor Jahren ein Bundesrat dazu aufrief, alles Unschweizerische auszumerzen. Joseph, Maria, das Kind, die Hirten, die drei Weisen und auch Sankt Nikolaus waren keine Schweizer, das Christentum insgesamt ist nicht helvetischer Eigenwuchs, vielmehr Importreligion aus der dritten Welt. Dass es in der Schweiz *dennoch* Weihnachten wird, finde ich grossartig, ja ausgesprochen tröstlich.

In der Schweiz wird es mehr Weihnacht als beispielsweise Ostern oder Pfingsten. Aus der christlichen Lehre ist das kaum zu erklären. Nach ihr müsste es ebenso sehr, ja noch mehr Ostern und Pfingsten werden als Weihnacht. Möglicherweise halten wir Schweizer uns lieber an Bekanntes. Unbestreitbar ist Geburt ein bekannter Vorgang. Auferstehung dagegen? Ein Geschehen, für das es in unserer täglichen Umwelt keine Parallelen gibt. Und gar die Ausgiessung des Heiligen Geistes an Pfingsten! Das ist uns wohl zu abstrakt und zu ekstatisch zugleich. Begreiflich, dass wir uns lieber an das Bekannte, an das Vorstellbare halten, an die Geburt. Begreiflich, dass Gefühle, Gebräuche, Geschäfte sich mehr an Weihnachten als an andere christliche Festtage knüpfen.

In der Schweiz wird es Weihnacht, und danach wird vermutlich alles geblieben sein, wie es auch vorher schon war. Joseph, Maria, das Christkind werden aus Kinderträumen, Schaufenstern, Kirchen wiederum weggezogen sein. Weggezogen wohin? Seinerzeit zogen sie nicht weniger unfreiwillig weg, nach Ägypten, um dem bethlehemitischen Kindermord zu entgehen. Nach der biblischen Überlieferung gehören im Fall Jesu Geburt und Flucht ebenso zusammen wie Messias und Hinrichtung.

In der Schweiz wird es Weihnacht, und keine Familie muss nach der Geburt ihres Kindes fliehen (schlimmstenfalls eine andere Wohnung suchen ...). Auch drohen hierzulande keine Hinrichtungen mehr – so Gott und wir Schweizer auch inskünftig nicht wollen, wie Valentin Oehen möchte (in die Kraftembleme des «gesunden Volksempfindens» sind immer blutrot Fäden der Gewalttat verwoben). Keine Flucht, keine Hinrichtungen: Das ist eigentlich allerhand. Sollte Weihnachten – alle Jahre wieder – am Ende doch Spuren hinterlassen, Veränderungen begünstigt haben? Wird mit diesem Fest, trotz seiner oft beklagten Veräusserlichung, dennoch Inhalt, Substanz, Humanität vermittelt?

In der Schweiz wird es Weihnacht. Die Hirten, die Weisen aus dem Morgenland tun brav ihre Pflicht. Danach schminken sie sich, wie Schauspieler nach Ende der Vorstellung, wieder ab, verwandeln sich zurück in stoppelbärtige Hirten, Palästiner oder Juden (mit umgehängtem Gewehr vielleicht, weil Friede auf Erden noch immer mehr Wunsch als Realität ist). Und die Weisen kehren zurück in jene östlichen Länder, aus denen seit alters Weisheit kam. Vielleicht werden sie wieder Astrologen, Mystiker, Gurus, was weiss ich. Man hat auch damals ja nichts davon gehört, dass sie sich zum Christentum bekehrt hätten, und denkbar wäre es schon, dass sie, nachdem sie eine Weile wieder unter uns gewesen sind, weniger denn je Lust verspürten, Christen zu werden.

In der Schweiz wird es Weihnacht: Dazu gehört auch Sankt Nikolaus, dessen Tag der 6. Dezember ist, der aber bis zum Weihnachtstag voll beschäftigt bleibt. Als Bischof von Myra im 4. Jahrhundert soll Nikolaus seiner Stadt dadurch geholfen haben, dass er einem reichen Kaufherrn im Traum erschienen sei, worauf dieser seine Getreideschiffe sogleich nach Myra segeln liess, weil dort bittere Hungersnot herrschte, damals. Ob Nikolaus auch heute noch Handels- und Konzernherren im Traum erscheint, damit sie den Strom ihrer Güter dorthin lenken, wo bittere Not herrscht (darum auch kleinere Gewinne winken)? Oder glauben nur Kinder noch an den Nikolaus, und wird dieser von uns Erwachsenen als Erziehungshelfer missbraucht (... wozu wird erzogen?)? In den USA ist Nikolaus zum Schutzpatron der Bankleute ernannt worden – was soll man davon wohl halten? Was hält Sankt Nikolaus davon? Das wenigstens ist ihm in der Schweiz erspart geblieben

In der Schweiz wird es Weihnacht, und ist sie vorüber, so muss nach getaner Arbeit auch Sankt Nikolaus, wie andere «Gast»-Arbeiter aus südlichen Ländern, das Land wieder verlassen. Immer dasselbe und stets unterwegs. Nach mehr als anderthalb Jahrtausenden kommt sich Nikolaus müde und alt vor. Er ist enttäuscht, weil sich so wenig verändert hat durch seine unermüdliche Arbeit. Oft nennt er sich Nikolaus Sisyphus, weil er sich allmählich verwandt fühlt mit jenem hellenischen Sagenmann, der äonenlang eine schwere, jedoch total vergebliche Arbeit verrichten muss. Mehr und mehr sehnt sich Nikolaus Sisyphus nach dem Himmel, wo es keine Weihnacht gibt, weil ein solcher Anlass dort, wo es weder Kindermorde noch Kreuzigungen, weder Armut und Hungernöte gibt, ohne Sinn und Symbolkraft wäre. Auch ist man an guten Geschäften, an Geschenken und Rute, an Erziehungshilfe dort oben nicht interessiert.

In der Schweiz wird es Weihnacht, fast möchte man den armen Nikolaus trösten, wie Rilke einst glaubte, das Weihnachtsfest überhaupt trösten zu müssen: «Da kommst du nun, du altes zahmes Fest / und willst, an mein einstiges Herz gepresst, / getröstet sein.»

In der Schweiz wird es Weihnacht, ein zahmes, gezähmtes Fest vielleicht deswegen, weil das Christus-*Kind* noch nicht sprechen kann. Christus, dem *Mann* der kristallklaren Worte und Forderungen, feiern wir kein ähnliches Fest.

In der Schweiz wird es Weihnacht. Das Beste an diesem Fest sind die Fragen, die es vielleicht aufwirft. Am festlichsten wäre es, wenn wir *uns selber* fragen würden: «Wann brechen wir auf …, um die Geburt einer neuen Arbeit, die neue Weisheit, die Flucht der Tyrannen und der Dämonen, das Ende des Aberglaubens zu grüssen, um anzubeten – als erste! – Weihnachten auf Erden?» (Arthur Rimbaud)

Ware Weihnacht und wahre Weihnacht

«Zu keiner Zeit des Jahres zeigt sich der wahre Charakter der Wohlstandsgesellschaft in so deutlicher Weise wie in der Vorweihnachtszeit. Die Auswüchse des Weihnachtsrummels und der organisierten ‹Nächstenliebe› hier aufzuzählen, ist überflüssig; jede ‹anständige› Zeitung, die etwas auf sich hält, veröffentlicht in der Adventszeit oder nach Weihnachten einen besinnlich-beschaulichen Artikel, in dem der rührend-besorgte Redaktor einstimmt ins vielstimmige Wehklagen über die Exzesse des Geschenkekaufens, über die Kommerzialisierung des Christfestes usw. Weihnachten sollte eigentlich das Fest der Christenheit sein, einer Christenheit, die auch tatsächlich nach dem Prinzip der Nächstenliebe lebt und handelt. Und gerade am Beispiel der ‹Dritten Welt› sehen wir einmal mehr, wessen sich eine Gesellschaft schuldig machen kann, die sich christlich nennt und vorgibt, gemäss christlichen Prinzipien zu handeln, in Tat und Wahrheit aber einzig und allein den Gesetzen des Profits folgt.»

Das sind harte Worte. Sie finden sich in einer vervielfältigten, 12-seitigen Schrift, die von einem Autorenkollektiv der jungen Zürcher Linken für die «Weihnachtskation 68» verfasst worden ist. Das Autorenkollektiv bezeichnet sein Manifest und die «Weihnachtsaktion» als «bescheidenen Beitrag zu einem weltweiten revolutionären Prozess, ohne den die Befreiung der ‹Dritten Welt› nicht mehr denkbar ist».

*

Weihnacht als Ware. Nächstenliebe als Ware. Christus selbst als Ware. Und weil alles zur Ware geworden, dreht sich auch alles um den Profit. Und der Profit geht auf Kosten der Länder der Dritten Welt. Das ist zwar sehr, sehr abgekürzt formuliert, lässt sich aber, wenn man sich nur näher auf die Zusammenhänge einlässt, begründen und belegen.

Wir hatten ohnehin ein schlechtes Gewissen, weil wir schon lange am Gefühl litten, Weihnachten nicht «richtig», d. h. nicht besinnlich, nicht «christlich» genug zu feiern – die Besinnlichkeit wollte nicht so recht gelingen, war bald einmal verkrampft und darum gelang auch keine Lustigkeit. Das Ritual der Bescherung unter dem Weihnachtsbaum bot sich als Ausweg an. Doch ein Ausweg, der das schlechte Gewissen nicht heilte, eher verstärkte. Und nun werden uns dazu noch unerbittlich unsere Wirtschaftssünden gegenüber der Dritten Welt vorgehalten, wird der an Weihnachten durch Nächstenliebe und Schenkensfreude (oder Schenkenspflicht) auf Hochtouren gebrachte Konsumzwang mit der Armut, dem Hunger der Dritten Welt konfrontiert! Zum schon schlechten Gewissen des Christen, der mit dem christlichen Fest innere und äussere Mühe hat, kommt nun noch das schlechte Gewissen dessen hinzu, der an einer Überflusswirtschaft partizipiert, während in der Welt jede Woche an die 100 000 Menschen an Hungerkrankheiten sterben.

Wie kann man da die Weihnachtszeit und die Weihnachtsfeiern überhaupt noch durchstehen, ohne psychisch Schaden zu nehmen? Wie kann man Weihnachten feierlich oder unfeierlich begehen, ohne die Gewissheit, dass es auf alle Fälle falsch ist? Weihnachten zu ignorieren ist meistens auch nicht möglich: Das Fest ist zu einem Sozialereignis geworden, das Sozialdruck ausübt. Man kann sich ihm kaum ganz entziehen. Zudem fällt dieses Fest mit seinem bunten Rummel, mit seinen Lichtern in unseren Breiten in eine meteorologisch trübe, klimatisch unfreundliche Jahreszeit, in der wir aus Gründen psychischer Gesundheit Rummel, Farben, Lichter, Wärme und Festlichkeit sehr nötig hätten.

*

Kein Zweifel also: Das Weihnachtsfest wäre neu zu erfinden. Aber wie? Das Dringlichste ist, mit dem Gedanken, Weihnachten sei das «Fest der Nächstenliebe» radikal zu brechen. Eine Nächstenliebe, aus der sich ein kalendarisches Fest machen lässt, ist nicht Nächstenliebe, sondern nur deren ideologisches

Substrat mit dem entsprechenden Kodex falscher Pflichten und Zwänge.

Was also? Weihnachten zum Buss- und Opfertag (für die Dritte Welt?) machen? Diese asketische und puritanische Lösung schlagen selbst die radikalen Kritiker der jungen Linken nicht vor. Oder vielleicht Weihnachten «umfunktionieren» in ein Revolutionsfest, mit dem Weihnachtsbaum als Freiheitsbaum, um den wir zu afro-kubanischen Rhythmen und revolutionären Liedern tanzen? Das tönt blasphemisch. Aber (falls wir die Unbefangenheit dazu hätten!): warum nicht? Ist der, dessen Geburt wir feiern, nicht eher ein Revolutionär als der mythisch-feierliche Heiland, zu dem ihn die Weihnachtssitte erhöht und entschärft hat? Nur: Wie soll man in einer gesellschaftlichen Situation wie der hiesigen, die faktisch ganz und gar a-revolutionär ist, revolutionäre Weihnachtsfeste feiern können?

Was also? Vor allem: Wie also Weihnachten jetzt, 1968, begehen? Ich weiss es nicht. Ich habe kein Rezept. Ich denke auch nicht, dass man Weihnachten von heute auf morgen «umfunktionieren» kann. Ich mache also mit, wenn auch mässig – in der Familie, die um diese Zeit ganz gerne ein Fest hat: Warum sollten wir es nicht haben dürfen? Ich nehme mir vor, es mit der Familie unbefangen, gemütlich und – warum auch nicht? – lustig zu haben. Schon dass ich diesen Vorsatz fasse, zeigt, dass alles nicht selbstverständlich ist: So schwierig ist es mit Weihnachten geworden!

Ja, und dann tue ich etwas für den «Bewusstseinsprozess», wie man heute zu sagen pflegt: Ich vergegenwärtige mir und, soweit Gelegenheit dazu, auch anderen, dass Jesus, der Bevollmächtigte Gottes, einer war wie wir, geboren wie wir, ein Mensch, der einem Mut macht, Mensch zu sein – zugleich aber war er *nicht* einer von «uns», kein Schweizer, kein Europäer, kein Angehöriger weder der Ersten noch der Zweiten Welt; Er war ein Provinzler aus dem Vorderen Orient, ein Mensch der Dritten Welt, der als Aufrührer verurteilt wurde und dem ein Afrikaner den Kreuzbalken zur Hinrichtungsstätte getragen hat. Und ich überlege mir: Hat das etwas zu bedeuten? Was will

Gott damit gerade uns Heutigen sagen, nicht so sehr für Weihnachten nur, sondern für die Zeit, die zwischen Weihnachten 1968 und Weihnachten 1969 liegt?

So zu fragen ist natürlich noch lange nicht die wahre Weihnacht. Die wahre Weihnacht wäre wohl überhaupt keine einzelne Nacht mehr, sondern eine neue menschliche und gesellschaftliche Qualität unserer Feier- und Werktage insgesamt, eine Qualität, die den Stempel des Lebens trägt, das in Bethlehem, wenn auch wohl nicht gerade am 25. Dezember, begonnen hat.

Aktion Weihnacht
Kann man Weihnachten ehrlich feiern?

Seit wenigen Jahren gibt es den Begriff: «Aktion Weihnacht». Er ist jungen Menschen zu danken, die sich gegen die Privatisierung und Kommerzialisierung des Festes wenden.

Weihnachten war freilich schon immer mit Aktionen verbunden. Der Brauch, einander Geschenke zu machen, war eine solche Aktion, die inzwischen jedoch zum Stimulans eines Milliardengeschäftes degeneriert ist. Der Brauch, alte, alleinstehende Leute mit Besuchen, Liedern, Kerzen zu erfreuen, ist immer noch sinnvoll, läuft aber Gefahr, zu einer alljährlichen Alibihandlung zu werden, mit der die Gesellschaft ihre Rücksichtslosigkeit gegen Alte, Einsame, Kranke abzugelten versucht. Aktionen waren und sind auch alle die Weihnachtsabende, Krippenspiele, Waldweihnachten, noch heute von Kindern und Jugendlichen mit erfreulichem Eifer bestritten, von den Erwachsenen oft nur noch als Stimmungsdroge konsumiert.

Trotz dieser vielen Weihnachtsaktionen hat sich Unbehagen ausgebreitet. Je geschäftiger, aktiver es zuging, desto mehr wuchs das Malaise. Wer es sich leisten kann, flieht in den Wintersport. Selbst engagierte Christen, ja sie erst recht, wissen nicht mehr, wie man das Christfest noch gestalten könnte und sollte. Jedes Jahr erproben sie, falls ihnen noch etwas einfällt, andere, abgewandelte Formen, um zu einer ehrlichen Feier zu finden. Aber dann fordern Tradition und Familienrücksicht doch wieder ihren Tribut. Ehrlichkeit und Feier sind nicht so recht zueinander zu bringen, fallen auseinander, verkümmern insgeheim zu Zynismus und Sentimentalität.

In diese betriebsam überdeckte Verlegenheit und Ratlosigkeit hinein zündet die «Aktion Weihnacht» der Jungen. Zündet, weil sie einer neuen Einsicht entspringt. Genau gesagt: Weil eine alte, ursprüngliche Einsicht neu aufbrach, nämlich die Einsicht in die gesellschaftliche, politische Dimension der Weihnacht.

*

Die bekannten Weihnachtstexte in den Evangelien Matthäus und Lukas, einsetzend mit der Geburtsverheissung an Maria, fortfahrend mit der Reise des nazarenischen Elternpaares nach Bethlehem und gipfelnd in der Geburt im Stall, in den Huldigungsbesuchen der Hirten und Weisen – das alles will, gerade auch mit den Mitteln der Legende, Weihnachten als Aktion bezeugen: als Aktion Gottes! Und die alten Advents- und Weihnachtslieder werden nicht müde, das zu wiederholen: Jetzt ist es so weit, jetzt, mit der Geburt Jesu, bricht Gott zu uns auf, kommt er herab, greift er erbarmend ein, tritt er in Aktion. So mythologisch die bildhafte Rede- und Singweise auch sein mag: Kern der Weihnachtsbotschaft ist der Glaube, dass Jesu Geburt Aktion Gottes ist, dass erst recht das spätere Lehren, Leben und Sterben Jesu die entscheidende Aktion für unsere Welt und ihre Zukunft ist.

Wohl setzt diese Aktion sozusagen ahistorisch, unbeachtet, als scheinbar privates Schicksal einer Arme-Leute-Familie ein. Kein Journalist, kein Geschichtsschreiber nahm vom Ereignis Notiz. Darum muss die Weihnachtsgeschichte der Bibel schon Engel reden lassen, damit sie anzeige, was anzuzeigen ist, nämlich dass diese armselige Stall- oder Höhlengeburt Einsatzpunkt und Ausgangsort göttlicher Aktion, göttlicher Weltpolitik ist. Was ein x-beliebiges Schicksal zu sein scheint – eine Frau gebiert in einer Notunterkunft ein Kind –, bringt alsbald so grosse, so weit ausgreifende Wörter wie «Friede», wie «Erde», wie «Welt» zu neuem Tönen, Wörter also, die auf das Ganze zielen, die deshalb politisch sind.

In welchem Sinn politisch verrät Gottes «Aktion Weihnacht» deutlich: kein Heil für diese Welt, das nicht Heil für die Kleinen, Armen, Umhergeschobenen, für die Leidenden, Unterdrückten, Zu-kurz-Gekommenen ist! In der Notunterkunft von Bethlehem, mit der Geburt Jesu, hat sich Gott dafür verbürgt, dass die Erde nicht den Herren und Mächtigen, sondern den Knechten, den Unterdrückten, «den Bescheidenen» (= Sanftmütigen, Matthäus 5,5) gehören soll und dass es kein anderes Heil, keine andere Zukunft geben kann als diese.

*

Diesen eminent politischen Aspekt der göttlichen «Aktion Weihnacht» hob die «Aktion Weihnacht» jugendlicher Gruppen neu ins Licht. Mit einer Weihnachtszeitung, mit Gottesdiensten, Strassentheater und anderen Unternehmungen erinnerten sie mitten im Trubel von Weihnachtskommerz und Weihnachtssentimentalität an die unterernährten und unterdrückten Menschen der Dritten Welt, konfrontierten unseren Reichtum mit deren Armut, unseren wachsenden Wohlstand mit deren zunehmender Armut. Wo ist Gott, wo Jesus, wo Bethlehem heute? In den Slums von Rio, von Johannesburg? Wenn ja, warum verbünden wir uns um des Gewinnes willen mit den Profiteuren dieses Elends, wo sich doch Gott mit den Elenden gegen die Profiteure solidarisiert?

Solcher Art waren und sind die Fragen, die die «Aktion Weihnacht», wohl dokumentiert mit nüchternen Fakten und Zahlen, in den letzten Jahren auf Weihnachten hin aufgeworfen hat. Wie sich zeigt: nicht ohne Erfolg, besonders unter den Jungen, aber auch unter Erwachsenen. Wenn in diesem Jahr Weihnachten zu Recht mit unserer Hilfspflicht gegenüber den bengalischen Flüchtlingen und Kriegsopfern in Verbindung gebracht wird, so ist das nicht zuletzt der Vorarbeit durch die «Aktion Weihnacht» in den letzten Jahren und der dadurch bewirkten Bewusstseinsveränderung zuzuschreiben.

*

«Ehre sei Gott in den Höhen und Friede auf Erden unter den Menschen, an denen Gott Wohlgefallen hat.» (Lukas 2,15)

Wenn diese Weihnachtsworte keine leere Formel bleiben sollen, wenn wir sie verbindlich hören, können wir es dann länger geschehen lassen, dass unsere Rüstungsindustrie Waffen vor allem in Länder der Dritten Welt verkauft, so wie sie Waffen nach Biafra, nach Pakistan verkauft hat? Darf unser Land am Waffengeschäft verdienen auf Kosten von Kriegsopfern, für die wir dann handkehrum wieder sammeln?

So fragt die »Aktion Weihnacht» dieses Jahr und nimmt damit Stellung für die eingereichte Initiative für Rüstungskontrolle und Beschränkung der Waffenausfuhr, die vermutlich Ende 1972 Anfang 1973 zur Volksabstimmung kommen wird.

In der Tat: Kann man die Weihnachtsbotschaft ernst nehmen, das Wort «Frieden» im Sinne Jesu zu seinem eigenen Wort machen, zugleich jedoch die weitere Waffenausfuhr, damit weitere Biafras und Bengalen in Kauf nehmen, weitere solcher Fälle, wo unter anderem auch Schweizer gegen Schweizer stehen: Schweizer, die am Waffengeschäft verdienen, gegen andere Schweizer, die den Opfern dieser Waffen zu helfen versuchen? Werden wir so nicht vor der Welt, aber auch vor uns selber unglaubwürdig? Erst recht unglaubwürdig, wenn wir dabei das Wort «Frieden» aussprechen?

Weihnachten verpflichtet uns doch wohl zur Solidarität mit den Opfern. Sie allein ist christlich. Deshalb müssen uns Kriegsopfer und Flüchtlinge näherstehen als die beredt vertretenen, reichlich propagierten Interessen unserer Rüstungsindustrie. Was die bengalischen Flüchtlinge gestern, sind morgen Kriegsopfer in einem anderen Land, in das Waffen geliefert werden.

Die Unterstützung und schliesslich Annahme der eingereichten Initiative wären in der Tat eine «Aktion Weihnacht», die diesen Namen verdiente. Sie würde es uns Schweizern erlauben, das Wort «Friede» wieder besseren Gewissens aussprechen zu können. Ja, ihre Annahme wäre Grund genug, ein Fest zu feiern, unweihnächtlich in der Form vielleicht. Aber Gott wäre bestimmt mit dabei, mehr dabei als oft am kalendarischen Weihnachtsfest.

Menschwerdung

«Walt Whitman, ein *Kosmos,* von Manhattan, der Sohn ...», so sang der amerikanische Dichter von sich selber.

«*Weltsaite* Mensch», gespannt «vom Sonnenkern zum Kern der Erde», so dichtete der Schweizer Adrien Turel.

«Wir sind das feinste Werk aus Sonne, Mond, Sternen und aus Gott», artikulierte Else Lasker-Schüler nicht ohne Emphase.

Der Mensch sei: «*ein Auszug aus dem All»,* «das Mark von allem», sagte der mystische Pietist Johann Michael Hahn, aber bereits Thomas von Aquino hatte ähnlich formuliert und den Menschen als quodammodo omnia, als eine Zusammenfassung von allem und also: des Alls bezeichnet.

Man kann auch noch weiter zurückgreifen. Ein talmudischer Rabbi stellt die Gleichung auf: «Ein einziger Mensch ist gleichwertig der ganzen Weltschöpfung.»

Doch genug der Zitate! Es ging nur darum, mit ihnen anzudeuten, dass der Mensch seit jeher und auch heute noch, nachdem das anthropozentrische Weltbild längst zerfallen ist, als kosmisches Wesen, als «Weltsaite», als Modell des Alls angesprochen wird.

Aber wir sind Skeptiker geworden. Wir misstrauen diesen «schwärmerischen» und «poetischen» Verklärungen (wie wir das bezeichnen). Die kosmische Dimension des Menschen hat sich zu einem blauen Dunst verflüchtigt. Wir wissen nur zu gut Bescheid über unsere Erbärmlichkeit und Niedrigkeit und bekommen sie von der zeitgenössischen Literatur, vom Theater, vom Film immer wieder bestätigt. Es ist kein Zufall, dass Samuel Beckett mit seinen buchstäblich im Kot versinkenden Menschen ein Welterfolg, Adrien Turel aber mit seinem kosmischen Gesang von der «Weltsaite Mensch» ganz und gar ein Ungelesener und Abseitiger geblieben ist.

Wir sind Skeptiker. Und wir haben genügend Gründe dafür. Wir erleben es, dass der Mensch nur noch «Material» ist. Kaltblütig rechnen die Strategen mit der unvorstellbar ungeheuerlichen Vernichtungseinheit «Megatod». Und wer die Henker und Opfer eines KZ, wenn auch nur im Bilde, gesehen hat, dem erstirbt der kosmische Menschen- und Selbstoptimismus eines Walt Whitman zur schönen Erinnerung.

*

Was ist der Mensch wirklich? Ein «Auszug aus dem All» oder ein nichtiges Häuflein Staub und Dreck?

Darauf lässt sich schwer eine Antwort finden, die über blosse Behauptungen und Beteuerungen hinausgeht. Vor voreiligen Schlussfolgerungen ist auf alle Fälle zu warnen. Wahrscheinlich ist der Prozess der Menschwerdung noch gar nicht abgeschlossen und kann deshalb noch nichts Definitives über den Menschen ausgesagt werden. Möglicherweise stehen wir gerade jetzt an einer Zeitenschwelle und vor Entscheidungen, die uns näheren Aufschluss vermitteln werden. Wir werden Entscheidungen fällen müssen, die uns erst als das offenbaren werden, was wir wirklich sind. Die ungeheuren Machtmittel, die uns in die Hand gegeben sind, provozieren geradezu eine Enthüllung und Hervorstülpung unseres wahren und wirklichen Wesens! Auf Grund mancher Indizien bangt uns davor, dass es eine Enthüllung des Unmenschen im Menschen werden könnte, eine Apokalypse des Untergangs und der Selbstvernichtung.

*

Aber nun mischt sich Gott höchstpersönlich in den Prozess unserer Menschwerdung ein und wird in Jesus Christus selber Mensch.

Man täusche sich freilich nicht! Diese Einmischung, ja Vermischung Gottes mit unserem Fleisch und Blut enthebt uns keineswegs aller Sorgen, Entscheidungen und Gefahren. Das Leben Christi selbst ist ja voll schwerer, dramatischer Versuchungen, Kämpfe und Entscheidungen. Ebenso wenig entwirft Christus ein friedlich-optimistisches Bild von der Zukunft der Welt, er stellt vielmehr apokalyptische Ereignisse und Prüfungen in Aussicht, die alles andere als beruhigend und gemütlich sind. Die billigen Verharmloser und Es-ist-ja-nicht-so-schlimm-Propheten können sich keineswegs auf ihn berufen.

Dennoch: An Weihnachten hat sich Gott energisch in den Prozess unserer Menschwerdung eingemischt, und zwar gerade, weil er diesen Prozess eine verhängnisvolle Wendung nehmen und einer Enthüllung des Unmenschen und Antimenschen im Menschen selber entgegenlaufen sieht: «Welt ging verloren / Christ ist geboren.»

Seit der Geburt Christi ist Gott jetzt ganz persönlich mitbeteiligt und mitengagiert am Experiment «Mensch»; «Den aller Welt Kreis nie beschloss, der liegt in Mariens Schoss. Er ist ein Kindlein worden klein, der alle Ding erhält allein. Halleluja.» (Luther) Das Kind in der Krippe, der Mann am Kreuz ist nicht nur «gleichwertig der Weltschöpfung», sondern gleichwertig dem Weltschöpfer. Er auf alle Fälle ist «das feinste Werk aus Sonne, Mond, Sternen und aus Gott». Er ist die «Weltsaite», gespannt nicht nur vom Sonnenkern, sondern vom Kern des Gotteshimmels zum Kern der Menschenerde. Er ist der wahrhaftige «Auszug aus dem All», das «Mark von allem», er Jesus, Marias Sohn, ein Kosmos, von Nazareth der Sohn.

*

An Weihnachten wurde die «Weltsaite» gespannt, die Gott und Mensch verbindet, die den Prozess unserer Menschwerdung hält und steuert. Und wenn es zuweilen scheint, dass alle Stricke reissen – diese Saite reisst nicht. Zu tief, zu endgültig hat Gott sich an Weihnachten mit uns Menschen eingelassen. Zu sehr ist er nun am Prozess unserer Menschwerdung beteiligt. Die Stürme der Unmenschlichkeit, die durch uns selber, durch unser Leben, durch unsere Welt fegen und gefährlich an allen Hoffnungen rütteln, sie können die an Weihnachten ein für allemal gespannte Saite nicht mehr entzweireissen, sie bringen sie immer nur zum Singen: Sie singt vom kommenden Menschen, wie Gott ihn vollenden wird nach dem Bilde des Menschen Christus. Das ist die Zukunftsmusik, die erstmals über dem nächtlichen Bethlehem aufklang.

Weihnachten?

«Und das Wort ward Fleisch und wohnte unter uns.» So formuliert der Evangelist Johannes (1,14) das – nicht nur auf die Geburt beschränkte, sie jedoch einschliessende – Jesus-Ereignis. Besser als mit «Wort» wäre der im griechischen Text verwendete Begriff «Logos» vielleicht mit «Weltsinn» zu übersetzen: «Und der Weltsinn wurde Fleisch.»

Dieser Satz, im Hinblick auf die Person Jesu gesagt, ist zunächst eine Feststellung: Der Sinn der Welt verkörpert sich für den christlichen Glauben nicht (und nie!) in einem Herrschaftssystem, in einem Staat oder in einer Ideologie, weder im römischen Imperium und seiner Pax-Romana-Ideologie der Jesus-Zeit noch in einer heutigen Herrschaftsordnung oder Ideologie, auch dann nicht, wenn diesen ein christliches Etikett aufgeklebt wird. Der Sinn der Welt verkörpert sich *im konkreten Menschen Jesus von Nazareth*. «Die Inkarnation Christi, das ist die grosse Ehrung des Menschen. Damit ist prinzipiell jeder Mensch geadelt.» (Karl Barth)

Das Engagement Gottes in Jesus adelt und rechtfertigt den einzelnen Menschen. Der im Nazarener verkörperte Weltsinn ist nicht an Macht, an ideologischer oder nationaler, auch nicht an kirchlicher Rechtgläubigkeit, er ist *einzig an Glück und Unglück des einzelnen Menschen orientiert*. Un-sinnig sind deshalb Gesellschaftsordnungen und Ideologien, die den einzelnen Menschen ihren angeblich höheren Zwecken zu opfern bereit sind, die sich selbst absolut setzen und dafür Wohl und Wehe des Individuums relativieren. Sinn-voll dagegen sind Institutionen, die sich selbst relativieren können, weil sie den konkreten, einzelnen Menschen, Herrn Jedermann, Frau Jedefrau, den «uomo qualunque», absolut setzen: Nur er, er allein und nicht ein momentanes Herrschaftssystem, ist Partner Gottes. Nur im «Heil» des Einzelnen kommt der Weltsinn, der «Logos», zu seinem Ziel.

*

Jedoch: das Heil des Einzelnen darf, biblisch gesehen, nicht privatistisch verstanden werden. Vielmehr ist das Heil *aller* Bedingung für das Heil des Einzelnen.

«Heil» bedeutet: Frieden, Ausgewogenheit der Verhältnisse, Sinn, Lebensfülle, Glück. Wenn ich diesen zentralen biblischen Begriff recht verstehe, so ist er ein Gemeinschaftsbegriff. Solange nicht *alle* am Heil teilhaben können, gibt es auch für den Einzelnen keine Erfüllung, kein Heil. Deshalb enthält «Heil» im biblischen Denken eine so starke und unabdingbare eschatologische, endzeitlich-zukünftige Komponente. Es zielt auf das Ganze, auf alle Menschen, auf die Welt insgesamt. Das bringen die alten Weihnachtslieder unmissverständlich zum Ausdruck. Jesus ist der Heiland, der Heilsbringer für die *Welt!* Insofern ist sein Werk noch keineswegs vollbracht, es ist erst angefangen, er bleibt der Unruhestifter auf verheissene Heilszukunft hin. Nicht unheilige Ruhe, sondern heilige Unruhe bleibt des Christen erste Pflicht. Solange noch so viel Unheil grassiert, hat der Einzelne kein Recht auf ruhigen Heilskonsum. Das offenkundige Unheil, in dem viele Menschen und ganze Völker leben müssen, entlarvt das Privat-Heil als Schein-Glück im privilegierten Winkel. Mehr noch: Das private Heil im privilegierten Winkel ist nur möglich zulasten der weniger Privilegierten. Damit aber vergrössert dieses «Heil» das Unheil in der Welt noch und entpuppt sich als fromm-egoistische Heillosigkeit. «Euer Friede ist faul und erlogen, wenn er auf Ungerechtigkeit beruht, wenn er direkt oder indirekt, irgendwo in der Welt, Menschen – übrigens Menschen wie ihr – unterdrückt oder erdrückt.» (Hélder Câmara 1971 in Zürich)

Vom Heil ergriffen ist nur, wem das Unheil, in dem andere noch und noch zu existieren genötigt sind, im Herzen, im Verstand und auf den Nägeln brennt. So hat die neutestamentliche Deutung die Gesinnung Jesu interpretiert, wenn sie seine *Selbstentäusserung,* seine *Opferbereitschaft* hervorhebt. Er hat – nach Philipper 2,6 – Gott und sein Bei-Gott-Sein nicht als Privat-Heil betrachtet und sorgsam gewahrt, im Gegenteil: Er hat seine privilegierte Stellung aufgegeben, hat sich von der Ruhe in die Unruhe, in den Tumult gestürzt, hat seine Privilegien gegen Aktion und Passion eingetauscht – um derer willen, die im Unheil, in der Not leben müssen.

So sehen und deuten ihn die neutestamentlichen Zeugen: als einen, der es nicht mehr aushielt in der göttlichen Ruhe angesichts des Unheils und der Leiden der Menschen: «Welt ging verloren, Christ ist geboren.»

Ohne das Heil *aller* gibt es kein Heil des Einzelnen – nicht einmal für Jesus! Wie könnten *wir* uns da zufrieden geben mit unserem privaten Heil und Glück im privilegierten Winkel? Das hiesse doch wohl: den Gott, der das Heil aller, das Heil der Welt will, zu einem Hausgötzen degradieren und sein Heil – modisch gesagt – zu einem «Ego-Trip» entwürdigen.

*

Wie können, wie sollen wir heutzutage Weihnachten feiern? Die Ratlosigkeit ist allgemein, das Malaise gross. Der Rückzug ins familiäre Reduit des privilegierten Winkels ist so wenig glaubwürdig wie die forcierte Wohltätigkeit, die in diesen Tagen rasch-rasch «Gutes» tun und soziale Gesinnung betätigen will. Über den kommerziellen Rummel, die Konsumhektik als *Parodie auf Jesu Geburt,* wie sie kein Atheist besser hätte erfinden können, ist seit langem schon genug gesagt und geklagt worden. Verlegenheit breitet sich aus. Fragt man herum, wie Weihnachten von den Einzelnen nun eigentlich gefeiert werde, begegnet man ehrlicher Betretenheit. Wer kann, verreist in den Wintersport, wo sich ungezwungenere Formen der Geselligkeit ergeben, auch ohne Lichterbaum und Traditionszwang. Wer's vermag, fliegt gar an südliche Sonnenküsten, wohin knusprige Bildinserate locken. Das war seinerzeit auch der Wunsch von Elisabeth Langgässer, der dezidiert katholischen Schriftstellerin: Weihnachten in den Tropen, ohne Tannenbäume und «Gemüt»! Ein verzweifelter Wunsch, ein selbstbetrügerischer dazu: statt «Gemüt» sucht man Luxus, statt Kerzenschein Sonne – die Not derer, die unter der südlichen Sonne leben, will man dabei natürlich nicht sehen. Gehörte aber nicht auch Jesus zum Milieu der ärmeren Leute in einem Land unter südlicher Sonne? War nicht sein Auftreten eine provinzielle Sache, an der die Weltreisenden von damals ebenfalls achtlos vorüberreisten?

Hat sich der Gedanke an Jesus in uns festgehakt, dann lässt er uns nicht einmal auf dem Fluchtversuch vor Weihnachten los. Und bleiben wir hier in nördlichen Breiten, so mag's uns ergehen wie einst Rilke, der zu Weihnachten 1914 dichtete:

> «Da kommst du nun, du altes zahmes Fest, und willst,
> an mein einstiges Herz gepresst, getröstet sein.»

Nur: Wie kann das «alte zahme Fest» getröstet, wie kann ihm geholfen werden?

Vielleicht sind die Jungen dabei, ihm neue Inhalte und Formen zu finden. Aus ihren Reihen kamen in den letzten Jahren Versuche zu engagierten Weihnachtsgottesdiensten und -aktionen, etwa mit Blick auf die Dritte Welt. Diesen Versuchen steht freilich der nach wie vor enorme Druck der kommerziellen Weihnachten entgegen, die an der Aufrechterhaltung bisheriger Festbegehung vital interessiert ist. So leicht lässt sich dieses Interesse nicht ausmanövrieren und der Zwang nicht brechen.

Könnte dem «alten zahmen Fest», das manche ja nur noch um der Kinder oder um der Grosseltern willen feiern, vielleicht dadurch geholfen werden, dass in seinen Mittelpunkt anstelle des Jesus-*Kindes* entschlossen Jesus, der *Mann*, und seine *Botschaft* gerückt werden?

Dass die Geburt in Bethlehem an und für sich schon Heil ist und Heil bringt, ist ein mythologisches Bild, das heute ohnehin den wenigsten Menschen nachvollziehbar sein wird. Einleuchtender für viele könnte es sein, wenn nicht das Faktum Geburt, sondern die *Botschaft* Jesu als Heil verkündet und zur Kenntnis genommen würde. In diese Richtung weisen die Versuche junger Leute zur Erneuerung des Weihnachtsfestes. Ursprünglich waren auch die biblischen Weihnachtstexte nichts als eine Akzentuierung und Unterstreichung der *Botschaft* Jesu. Das Unbehagen an Weihnachten dürfte seine Wurzel unter anderem darin haben, dass sich diese Weihnachtsgeschichten sozusagen verselbstständigt haben und, im Bewusstsein heutiger Menschen ohne Zusammenhang mit der Botschaft des Mannes Jesus darum ins Märchenhafte verändert, ein emotionales Eigenleben führen. Unter diesen Voraussetzungen ist es fast unmöglich, die Botschaft Jesu anhand dieser Weihnachtstexte neu verständlich zu machen. Vielleicht müsste der umgekehrte Weg eingeschlagen werden: die Botschaft Jesu neu verständlich machen in der Hoffnung, dass von da her die Weihnachtsgeschichte wieder einleuchtender wird.

Ich meine damit: Die kirchliche Verkündigung sollte an Weihnachten nicht länger auf die traditionellen Weihnachtstexte fixiert bleiben. Dasselbe gilt für häusliche Feiern: Warum das oft einzige Mal, wenn die Bibel in der Familie aufgeschlagen wird, stur immer die Weihnachtsgeschichte lesen? Warum nicht einmal die Seligpreisungen oder andere Passagen aus der Bergpredigt (Matthäus 5–7)? Diese Texte böten viel eher auch Anstösse zu einer anschliessenden Diskussion. Vielleicht träfe ein Wort Jesu unvermutet auf ein Familienproblem, das zu bereden ohnehin fällig ist. Vielleicht entspönne sich ein Gespräch über soziale Fragen. Sind Kinder dabei, so wird es an Fragen zu einem unerwarteten, noch nie gehörten Text kaum fehlen. Gerieten wir so nicht eher auf den Weg *Jesu* (der immer im Gespräch mit anderen war) und auf den Weg wirklichen *Heils* (das mehr ist als «Gemütspflege»)? Zu versuchen wäre es.

Jesus will nicht bestaunt und gefeiert, er will gefragt und gehört werden.

Silvester, Neujahr und Dreikönigstag

Amen

Liturgische Gebete, desgleichen Spontangebete in anderen Öffentlichkeiten pflegen mit dem Wörtlein «Amen» zu enden. Dies geschieht nicht zuletzt aus regietechnischen Gründen: Im «stillen Kämmerlein» kann das finale Wörtlein deshalb auch entfallen.

*

Amen-Verdeutschungen wie «es steht fest», «es gilt», «so sei es», aber auch das klangvollere und kürzere «wahrlich» oder «jawahr» (Buber/Rosenzweig) haben die hebräische Vokabel nicht zu verdrängen vermocht. Ihr scheint eine elementare Kraft eigen zu sein, die durch Übersetzungen offenbar stets abgeschwächt wird.

*

Die deutsche Akzentverschiebung von der zweiten auf die erste Silbe – ámen anstatt amén – rückt die Vokabel hörbar in die Nähe des Wortes «Anfang». Das mag Zufall sein, leuchtet aber ein, da Amen in der Bibel nicht allein ein finales, sondern ebenso ein initiales Signal ist, das z. B. eine Verlautbarung und/oder ein Handeln Gottes einleitet: «Ja, Amen. Ich bin das A und das O, spricht Gott, der Herr, der ist und der war und der kommt, der Herr über alle Mächte.» (Offenbarung des Johannes 1,7)

*

Dem Amen ebenbürtig ist das Ja. Der deutsch-jüdische Denker Franz Rosenzweig (1886–1929) hielt es sogar für das Urwort der Sprache: «Im Anfang ist das Ja.» Was nicht etwa als sprachgeschichtliche, sondern als schöpfungstheologische Aussage zu verstehen ist, als Umschreibung der «creatio ex nihilo», der Schöpfung aus dem Nichts. Gottes Ja stellt sich dem Nichts, dem Nichtenden und Vernichtenden entgegen. Laut Paulus ist dieses Ja im Christus Jesus leibhaftig auf der Erde erschienen, «daher durch ihn auch das Amen» (2. Korintherbrief 1,19f.). In der johanneischen Offenbarung heisst Christus gar selbst «der Amen, der treue und wahrhaftige Zeuge, der Anfang der Schöpfung Gottes» (3,14).

*

Ja – Anfang – Amen: Kraftvoll dominiert in diesen Wörtern das A, «der König der Vokale» (Ernst Jünger). Auffällig die Dominanz des A auch in Gottesnamen und Gottesbezeichnungen: Jahwe, Brahman, Allah. Und wie heissen der erste Mensch und der Vater des Glaubens? Adam, Abr(ah)am.

*

Auch der Weg zur Hölle ist freilich oft mit Jas gepflastert, mit voreiligen, zu wenig überdachten, im Überschwang gegebenen Zustimmungen. Wer gar «Ja und Amen» sagt, unterwirft sich. Fragt sich nur, wem? Hier ist die Theologie gefordert, deren Hauptaufgabe es ist, zwischen Gott und Götzen zu unterscheiden. Mit dieser Aufgabe sind jedoch nicht allein professionelle Theologen konfrontiert, sondern alle Gläubigen und Gemeinden. Ihnen schärft der 1. Johannesbrief (4,1) ein: «Prüfet die Geister, ob sie aus Gott sind.» Wer aber prüft, muss Nein sagen können, Nein sagen lernen, «Nein und Amen». Erst die Neins des Glaubens und der Vernunft qualifizieren das Ja und Amen.

*

Am Schluss der Bibel heisst es: «Es sagt der, welcher dies bezeugt: Ja, ich komme bald. Amen. Komm, Herr Jesus!» (Offenbarung des Johannes 22,20) Diesem Ja und Amen gingen viele entschiedene Neins voraus. Die johanneische Offenbarung ist ein verschlüsseltes Widerstandsbuch von und für Christen, die zum römischen Kaiserkult, zur Vergötzung irdischer Herrschaft, wie imperial sie auch immer sein mag, unzweideutig Nein sagten, späteren Christen in vergleichbaren Situationen zur Mahnung und zur Stärkung.

z.b. 1.1.73

(es nöijahrsschprüchli)

wäre mr guet
würdi mängs besser

wäre mr besser
würdi mängs guet

Der letzte Weise aus dem Morgenland

Zwei der drei Weisen aus dem Morgenland waren bereits gestorben. Der dritte, nunmehr um die siebzig, verspürte den Wunsch, nach mehr als drei Jahrzehnten die Reise nach dem Westen noch einmal zu wagen, wie beschwerlich sie auch immer werden mochte. Wie seine verstorbenen Freunde hatte er das Kind von Bethlehem nie mehr vergessen können. Ob es jetzt wohl im Königspalast zu Jerusalem gerecht und göttlich regierte? Am Persischen Golf vernahm man wenig, die Verbindungen zum fernen Westen waren spärlich, die Nachrichten zufällig, Karawanengerüchte meist nur.

Allein wollte der alte Mann allerdings nicht reisen. Er wählte sich einen seiner jungen Schüler zum Begleiter. Gemeinsam schlossen sie sich einer Karawane exiljüdischer Pilger an, die zur Wallfahrt nach Jerusalem aufbrachen. Wie sich unterwegs zeigte, war auch diesen Diasporajuden von einem König namens Jesus nichts bekannt. Skeptisch hörten sie sich die Erzählungen des alten Mannes von Stern und Königskind an. Nein, davon hatten sie nie etwas vernommen, es musste sich wohl um Hirngespinste eines wieder kindlich werdenden Greises handeln, eines Astrologen zudem, der sich auf abgöttische Weise mit den Sternen beschäftigte, was bekanntlich ein Greuel war vor dem Herrn. Doch sagten ihm die Juden das nicht rundheraus. Sie blieben höflich und staunten denn doch, wenn er ihnen nachts die Sternbilder erklärte.

In Jerusalem angekommen, gingen der alte Mann und sein junger Schüler, nachdem sie ein Quartier gefunden hatten, zuerst zum Königspalast. Römische Legionäre bewachten ihn. Wie heisst der König, der hier regiert? fragten sie einen der Wachtposten. Hier gibt es keinen König, antwortete der. Herodes ist wohl längst gestorben? fragte der alte Mann weiter. Der Soldat hob ratlos die Schultern und wiederholte: Hier gibt es keinen König, hier regiert Pontius Pilatus, der Statthalter des römischen Kaisers – und nun macht, dass ihr fortkommt!

Der Bescheid machte den alten Mann traurig. Was nun? Hatten sie die lange Reise vergeblich auf sich genommen? Der junge Schüler munterte ihn auf: Die Stadt ist gross, wir werden weiter nach ihm fragen.

Jerusalem war in diesen Tagen von Pilgerscharen aus aller Herren Länder erfüllt, die im Tempel das Fest der Pfingsten mitfeiern wollten. Im Menschengewimmel der Gassen und Gasthäuser fragten die beiden Männer immer wieder, ob jemandem vielleicht ein Jesus von Bethlehem bekannt sei. Nein, kennen wir nicht, lautete die Antwort meistens. Dann aber stiessen sie schliesslich doch noch auf Leute, die mehr wussten: Von einem Jesus von Bethlehem ist uns nichts bekannt. Oder meint ihr vielleicht Jesus von Nazareth? Der ist vor ein paar Wochen hingerichtet, gehängt worden. Hingerichtet, gehängt? Weshalb denn? Wegen Aufruhr, Gotteslästerung und dergleichen, hiess es, so genau weiss man das nicht, auf jeden Fall ist es besser, man spricht nicht allzu laut davon.

Nein, ein Rebell, ein Gotteslästerer konnte der, den sie suchten, nie und nimmer sein. Der alte Mann wurde immer schweigsamer. Sein Begleiter begann sich Sorgen zu machen, erkundigte sich nach Karawanen, denen sie sich für die Rückreise anschliessen könnten. Immerhin aber wurden sie rätig, den Haupttag des Pfingstfestes doch noch abzuwarten, da sie nun einmal hier waren. Pfingsten, so belehrte man sie, sei das Erntedankfest für die Weizenernte. Manche Schriftgelehrte behaupteten ausserdem, an diesem Tag sei den Juden seinerzeit am Berg Sinai ihr Grundgesetz in der Form von zehn Geboten gegeben worden. Der alte Mann hiess seinen Schüler, sich diese zehn Gebote aufzuschreiben. Sie schienen ihm bedenkenswert zu sein.

Als der grosse Pfingsttag gekommen war, machten die beiden sich ebenfalls auf, um inmitten der wogenden Menge womöglich bis zum Tempel zu gelangen. Unterwegs gerieten sie aber in einen Menschenwirbel, aus dessen Mitte laute, erregte Stimmen zu hören waren. So früh am Tage schon betrunken, wurde rundherum geschimpft, gespottet. Der alte Mann jedoch drängte sich auf einmal näher zur Mitte des Wirbels, er hatte den Namen «Jesus» rufen hören. Doch dann merkte er, dass die Rede von jenem Gehängten, Gekreuzigten ging, von dem man ihnen berichtet hatte. Schon wollte er sich enttäuscht wieder wegwenden. Doch sein junger Freund hielt ihn zurück, verwundert sahen sie einander an: Sprach der Mann in der Mitte des Wirbels, des Auflaufs, nicht in ihrer, der persischen Sprache? Mühelos verstanden sie plötzlich, was er sagte, nämlich, dass der Hingerichtete keineswegs ein Verbrecher und Lästerer, sondern Gottes Sohn sei, der Platteskönig und Messias. Ihr aber, ihr Leute von Jerusalem, habt ihn getötet, habt seine Ermordung zugelassen, rief der Redner heftig in die Menge, aber ich sage euch, Gott hat diesen Jesus von den Toten auferweckt, damit er König sei, nicht nach der Weise der Menschen, sondern nach der Weise Gottes!

Manche der Zuhörenden gröhlten, gestikulierten empört, schrien pfui! Vielen aber ging's wie ein Stich durchs Herz. Anstatt mit den andern in den Tempel hinaufzugehen, blieben sie beisammen, diskutierten und fragten: Was sollen wir denn nun tun? Der Redner, den sie Petrus nannten, rief: Ändert eure Gesinnung und lasst euch taufen auf den Namen des Hingerichteten, jetzt aber Lebendigen, dann werdet auch ihr den Geist empfangen, den Jesus allen gibt, die an ihn glauben und seine Worte befolgen!

Der alte Mann und sein Schüler liessen sich von einem Gefährten aus der Begleitung des Petrus noch mehr erzählen vom Leben, Wirken, Sterben des Jesus von Nazareth. Als sie hörten, wie der Gekreuzigte seinen Jüngern neu erschienen war, vom Tod auferweckt und lebendig, gab es für den alten Mann keinen Zweifel mehr, dass der Auferstandene jener war, dem er und seine beiden Freunde seinerzeit in Bethlehem gehuldigt hatten. Nichts wünschte er nun mehr, als diesen Jesus noch einmal sehen zu dürfen. Seinerseits begann er deshalb, von den Geschehnissen damals in Bethlehem zu erzählen, so dass man ihn alsbald zu Petrus führte, damit auch dieser es höre.

Wie kann ich Jesus sehen? fragte der alte Mann, nachdem er alles erzählt hatte. Petrus zeigte auf die Jünger und Jüngerinnen, auf die anderen Leute rundherum: Hier ist er! Er hat uns gewürdigt, von jetzt an seine Augen, seine Münder, seine Hände, seine Glieder zu sein. Und der alte Mann schaute um sich und erkannte in den Augen, den Gesichtern der Umstehenden jenen Glanz, der einst auch die Krippe im Stall umleuchtet hatte.

Bis tief in die Nacht sassen alte und neu hinzugekommene Freunde und Freundinnen Jesu dichtgedrängt in einem Jerusalemer Hinterhaus beisammen. Sie assen, tranken, redeten in heiliger Erregung durcheinander. Petrus hob seinen Becher: Auf Jesus, den Auferstandenen! Lebhaft antwortete Maria von Magdalena ihrerseits mit einem Trinkspruch: Es lebe sein heiliger Geist! Es lebe sein kommendes Reich! Und wieder erschienen Zungen wie von Feuer über ihren Häuptern und erfüllte Brausen das ganze Haus. Als hätte der Stern von Bethlehem sich jetzt in viele Sterne geteilt, staunte der alte Mann aus dem Morgenland, und jeder Stern zeigt auf einen von uns! Johannes neben ihm nickte: Er will in jedem von uns geboren werden. Wie er gesagt hat: «Ihr müsst von neuem geboren werden durch den Geist», was doch wohl besagen sollte, dass er in uns und durch uns zur Welt kommen will. Petrus allerdings rief: Johannes, Johannes, pass auf, dass deine Zunge nicht mit dir durchbrennt! Susanna mahnte: Nicht doch, lasst den Streit! Der Schüler des alten Weisen aber sagte, mit eins erleuchtet: «Jeder von uns werde Bethlehem, werde Krippe!»

An Schlaf war in dieser Nacht nicht zu denken. Intensiv beredeten sie sich miteinander, ohne dass Müdigkeit aufkam. Als der Morgen graute, hatten sie einmütig beschlossen, ihren privaten Besitz fortan gemeinsam zu verwalten, damit der Geist Jesu, die neue Geschwisterlichkeit, Raum bekäme unter ihnen, auch in materiellen Angelegenheiten. Der alte Mann aus dem Morgenland strahlte: Wie armselig waren doch unsere Geschenke damals, verglichen mit dem, was ihr ihm heute schenkt!

Erst nach einigen Wochen brach der letzte Weise mit seinem jugendlichen Begleiter wieder auf. Mit einer Gewürzhändlerkarawane zogen sie zurück an den persischen Golf, hochbeglückt darüber, dem König ohne Palast und Hofstaat begegnet zu sein in der geistbewegten Schar seiner Freunde. Bald danach soll auch am persischen Golf eine kleine Christusgemeinde entstanden sein. (Vgl. Matthäus 2,1–12; Apostelgeschichte 2)

Frühling

liebeskalender

märz

deutungen – über nacht zur rasch
verderblichen ware geworden
die tiefe ist aussen und haut
eine offene wohnung: sanft
LÄUTEN UND EINTRETEN BITTE

april

sich self-verwirklichen
oder
ein anderer werden? dilemma
(dilelsa dileila dilettissima)
wirrlust vertagt uns

mai

allegretto (un poco giocoso)
mit fussnoten zeh- und
zehviertelsnoten – neugierig
lauscht ein strahlentier
vor dem wald

Vorfrühling, See

Glitzrig bricht Sonnenlicht sich im nur leicht bewegten See. Knapp vor dem Ufer schaukeln Motor- und Segelboote, winterverpackt noch. Flach schlüpfen Wellen ins Ufergeröll, entschlüpfen ihm wieder, lautlos. Vorletzter Februartag.
Auf dem hohen Landesteg der Schiffsstation plötzlich ein Mädchen, acht-, neunjährig vielleicht. Wirft einen Stein ins Wasser, verfolgt die entstehenden Ringwellen, um wieder davonzuhüpfen, leichten Fusses. Erneut menschenleer der bretterne Steg, die Uferpromenade. Noch verkehren keine Kursschiffe.
Eine abenteuerliche Etymologie führt «Seele» auf «See» zurück. Wird aber die Seele, lässt man einen See nur lange, nur still genug auf sie einwirken, nicht tatsächlich seeweit? Gleichzeitig weiten sich die Lungen, atme ich tiefer, langsamer. Nie ist die Luft so wohltuend, so unverbraucht wie gerade in diesen Tagen.
Überm Gegenufer Berghänge, weiss oder weissgesprenkelt noch immer, offensichtlich aber im Begriff, ihre winterliche Schnee- und Verjüngungskur abzuschliessen, um alte Formenlust, alte Unverrückbarkeit mit neuer Kraft zu behaupten, Unverrückbarkeit? «Du siehst die Berge – du denkst, sie seien fest, doch sie ziehen gleich Wolken.» (Koran, Sure 27, 88/90)
Die Evolution, behauptete Teilhard de Chardin, ziele «auf die Hervorbringung vollkommener Augen». Doch was nehmen die Augen der Blässhühner, Stockenten, Reiherenten, Schwäne wahr? Haben sich im Ufergeröll versammelt und sehen die Welt wohl sehr anders als ich, sehen eine andere Welt. Solange diese uns verschlossen bleibt, hat unsereiner noch nicht einmal eine Ahnung davon, wie und was vollkommene Augen sehen würden.
Von irgendwoher zwölf Schläge einer Kirchturmuhr. Zur Siesta hat das Entenvölklein sich auf einer kiesligen Anschwemmung niedergelassen, in geordneter Formation, einträchtig der Sonne zugewandt.

bitte

heilige grünkraft
(der gottheit unauffällig
schöne gespielin):
sprenge den beton
in unserer köpfen!
sprenge den beton
in unserem land!

Passion

Passion z. B. 1973

Der Hohe Rat der Unternehmer und ihrer Generale entschied: Ein Präsident soll kein Freund der Armen, er soll Komplize der Reichen sein! Der Hohe Rat fällte sein Urteil: des Todes schuldig! Das Urteil wurde sogleich vollstreckt, am Präsidenten zuerst, danach an 20 000 Chilenen. Hierauf begab sich der Hohe Rat geschlossen und dankbar zur Heiligen Messe, beugte seine Knie vor dem Gekreuzigten. Von Pastor Wurmbrand traf telegrafisch ein Glückwunsch ein. Und siehe, der Kupferpreis stieg, das Weisse Haus und die Multis atmeten auf, Lehrer frohlockten in bernischen Schulen: «Endlich wieder Ruhe und Ordnung in Chile!»

Passion

Nachträglich – bereits auch im zweiten Testament – haben Kirche und Theologie versucht, Jesu gewaltsamen Tod als gottgewollt und heilsnotwendig darzustellen. Gottes gerechtem Zorn habe Genüge getan, die Schuld aller durch den einen bezahlt werden müssen, der Kreuztod Jesu sei deshalb ein Sühnopfer gewesen für die Sünden aller einstigen, jetzigen und künftigen Menschen. Einzig dieses Selbstopfer Jesu resp. die Opferung des Sohnes durch den himmlischen Vater habe uns allen, habe der Menschheit Vergebung erwirken können.

*

Offensichtlich aber ist die Menschheit trotzdem dieselbe und unerlöst geblieben. Und die Christenheit? Von ihr sind die grössten Raubzüge, die mörderischsten Kriege, die rücksichtslosesten Natur- und Kulturzerstörungen der Geschichte ausgegangen, oft unter Berufung auf die Welterlösung durch den Gekreuzigten, doch unter Ignorierung der konkreten Botschaft, z. B. der Bergpredigt Jesu (Matthäus 5–7). Deshalb einst Heinrich Bölls Klage: «‹In der Welt habt ihr Angst›, hat Christus gesagt, ‹seid getrost, ich habe die Welt überwunden›. Ich spüre, sehe und höre, merke so wenig davon, dass die Christen die Welt überwunden, von der Angst befreit hätten; von der Angst im Wirtschaftsdschungel, wo die Bestien lauern; von der Angst der Juden, der Angst der Neger, der Angst der Kinder, Kranken. Eine christliche Welt müsste eine Welt ohne Angst sein, und unsere Welt ist nicht christlich, solange die Angst nicht geringer wird, sondern wächst; nicht die Angst vor dem Tode, sondern die Angst vor dem Leben und den Menschen, vor den Mächten und Umständen, Angst vor dem Hunger und der Folter, Angst vor dem Krieg; die Angst der Atheisten vor den Christen, der Christen vor den Gottlosen, eine ganze Litanei der Ängste …»

*

Im Zeichen des Kreuzes wurde gesiegt und erobert. Die Angst aber blieb und wuchs sogar. Unerlöstheit allenthalben und bis in die Seelen hinein, wie die Tiefenpsychologie ausbrachte. Hat die von der Theologie so subtil, oft aber auch triumphal interpretierte «Erlösungstat» des Christus denn überhaupt nichts verändern können?

*

Immerhin bekannte Heinrich Böll: «Selbst die allerschlechteste christliche Welt würde ich der besten heidnischen vorziehen, weil es in einer christlichen Welt Raum gibt für die, denen keine heidnische Welt je Raum gab: für Krüppel und Kranke, Alte und Schwache, und mehr noch als Raum gab für sie: Liebe für die, die der heidnischen wie der gottlosen Welt nutzlos erschienen und erscheinen.» – Was Böll hier zugunsten der «christlichen Welt» vorbringt, dürfte seine Wurzeln weniger im Sühnopfer als in der Verkündigung und im exemplarischen Handeln Jesu haben. Hat die an Jesus vollzogene Todesstrafe wenigstens mit dazu beigetragen, dass einige christlich beeinflusste Staaten die Todesstrafe schliesslich abgeschafft haben? Ich weiss es nicht, schön wär's und dann immerhin eine positive, eine konkrete Nachwirkung der Passion Jesu. Ruft nicht ein jedes Kreuz oder Kruzifix nach wie vor – z. B. in den «christlichen USA» – zur Abschaffung der Todesstrafe auf? Kann dieser Aufruf jedoch gehört werden, solange die Kreuzigung Jesu als gottgewollt und heilsnotwendig verstanden wird?

*

Glaubt denn jemand im Ernst, alle die nachträglich entwickelten und ausgesponnenen Heils-Deutungen der Passion seien auch diejenigen dessen gewesen, der mit der Psalmzeile auf den Lippen starb: «Mein Gott, mein Gott, warum hast du mich verlassen?» Für mich ist dieses «Warum?» und der Abgrund einsamer Gottverlassenheit, dem es entstieg, die wahre, die tatsächliche Passion, die zum Himmel und in unsere Herzen schreit, gestern wie heute, z. B. im «Warum?» der von Gott verlassenen

Jüdinnen, Juden in den Gaskammern, im «Warum?» all jener, die, von Ihm und von allen verlassen, der fürchterlichen Grausamkeit ausgeliefert sind, derer Menschen gegeneinander nach wie vor fähig sind. Sollte Jesus die gewaltsame Beendigung seines Wirkens etwa für heilsnotwendiger gehalten haben als dieses Wirken selbst? Daran zweifle ich und ebenso an der Vorstellung, in seinen zwei letzten Lebenstagen und in den Tagen danach sei ein längst schon festgelegtes «Erlösungsprogramm» sozusagen planmässig abgelaufen. Ein derartiges «Programm» mag «Systematiker» befriedigen, ich halte es für kaum vereinbar mit der Weltleidenschaft des «Ich werde da sein, als der ich (jeweils) da sein werde».

*

Der christliche Gebrauch des Wortes «Passion» unterschlägt meistens dessen Doppelsinn. Ebenso wie Leiden bedeutet «Passion» bekanntlich Leidenschaft. Insofern stand bereits Jesu öffentliches Auftreten im Zeichen seiner Passion, seiner Leidenschaft für Gott. Dass er genau dafür mit der Gottverlassenheit am Kreuz bezahlen musste, war das eigentliche Drama.

*

Was sucht denn Gottes Leidenschaft und Liebe bei uns Menschen? Eine entsprechende Antwort, nämlich: Leidenschaft und Liebe für die Menschen. Und darin: Leidenschaft und Liebe für Gott. In Jesus hat Er diese Antwort gefunden, exemplarisch gewissermassen. Ebenso exemplarisch aber haben die Menschen resp. deren damalige Autoritäten und Exponenten diese Antwort verworfen.

*

Dass der Nazarener, wie manche Evangelienstellen zeigen, Prozess und Todesurteil schliesslich je länger desto unabwendbarer auf sich zukommen sah und sich der Verhaftung dennoch nicht entzogen hat, was vermutlich möglich gewesen wäre, sondern sich den Gegnern stellte, spricht m. E. für die Stärke und Bedingungslosigkeit seiner Gottes-Leidenschaft, besagt jedoch nicht, dass er seinen Tod *gewollt* hat. Jesus war nicht martyriums- und todessüchtig. Seine Passion für Gott war *Passion für das Leben*.

*

Können Leben und Wirken Jesu vielleicht als ein Gleichnis der göttlichen Welt- und Lebensleidenschaft verstanden werden? Die ihm nachträglich zugesprochenen Titel – Christus/Messias, Sohn Gottes, Retter/Heiland –, die er selber nie für sich verwendet hat, weisen in diese Richtung. Wäre dann also auch Jesu Leidens-Passion ein Gleichnis des menschenbewirkten Leidens Gottes – eines Leidens, das Er auf sich nimmt, weil Er Liebe und ausserhalb der Liebe nicht ist? Was Seine Härte erklären würde, die nicht zwingt, weil Zwang nicht in der Liebe ist, wohl aber – Leiden.

*

«Die Liebe erduldet alles», «sie rechnet das Böse nicht zu» (1. Korintherbrief 13,5–7): Keine Liebe ohne Vergebung! Die Verkündigung Jesu lässt keinen Zweifel offen, dass es für ihn ohne *göttliche* Vergebung kein Heil, keine Zukunft und ohne *gegenseitige* Vergebung unter Menschen kein gedeihliches Zusammenleben, keinen Schalom, geben kann. Dieser tiefen Überzeugung entsprang die Bitte selbst noch des Agonisierenden am Kreuz: «Vater, vergib ihnen, denn sie wissen nicht, was sie tun.» (Lukas 23,34) Jesu Bitte ist (für mich) stärker als alle Opfer- und Genugtuungskonstrukte rund um seine Passion.

Passion

Fromme Exaltation hat zuweilen behauptet: Niemand musste je einmal so masslos und entsetzlich leiden wie einst Jesus. Allein, im Verlauf der menschlichen Gewaltgeschichte und desgleichen in der Gegenwart wären Abermillionen Gefolterter und Gequälter vermutlich dankbar gewesen, ihr Leiden hätte relativ so kurz gedauert wie damals dasjenige des Nazareners.

*

Es genügt, mit dem apostolischen Glaubensbekenntnis festzustellen, dass Jesus, der Christus, gelitten hat «unter Pontius Pilatus». Sein Leiden war, wie das Leiden ähnlich Exekutierter, gross genug. Es bedarf keiner nachträglichen Steigerung durch eine sich selbst überhitzende Phantasie.

*

Der vom Tod Auferstandene hat, sozusagen als Identitätsausweis, seine Wundmale gezeigt (Johannes 20,24–29), sonst jedoch kein Wort mehr über seine Leiden verloren. Unsere Empathie, unsere Einfühlung soll fortan den Gewaltopfern gelten, von denen wir in unserer Gegenwart hören oder zumindest hören müssten, wenn wir offene Ohren hätten. Die Arbeit von Amnesty International und anderen Menschenrechtsorganisationen ist insofern immer auch weltlich-konkreter Dienst am Gekreuzigten.

*

Nicht zu vergessen: Passion bedeutet nicht nur Leiden, sondern ebenfalls *Leidenschaft*. Die Leidenschaft Jesu hat ihm Verfolgung, Verhaftung und ein im Eilverfahren gefälltes Todesurteil eingetragen. Seine Leidenschaft war, wie die Osterereignisse zeigten, nicht umzubringen, nicht auszulöschen. Sie sprang vielmehr auf seine Jüngerschaft und auf die ersten Gemeinden über.

*

Ob innerhalb oder ausserhalb der Passionszeit: Sprechen wir doch mehr und womöglich besser, engagierter, von der *Leidenschaft* Jesu Christi!

Warum ich Christ bin

Dem Umstand, dass ich eingeladen werde, mich zum Thema «Warum ich Christ bin» zu äussern, entnehme ich, dass die Einladenden mich offenbar für einen Christen halten. Das ist verzeihlich. Schliesslich bin ich Pfarrer, stehe im Dienst einer evangelisch-reformierten Landeskirche und habe in meinen Publikationen nie ein Hehl daraus gemacht, dass Jesus und seine Botschaft für mich eine Herausforderung sind.

Dennoch ist es mir peinlich, mit schlechtweg allen, die Christen zu sein behaupten, in einem Atemzug genannt oder in den gleichen weltanschaulichen Topf geworfen zu werden. Diese Peinlichkeit wird allerdings dadurch gemildert und korrigiert, dass manche, die bessere Christen sind als ich, mir ihrerseits vorhalten, kein «richtiger» Christ, eher ein bedenklicher Unchrist zu sein, Predigttalar hin oder her. Und wer weiss? Kierkegaard hat die Annahme, dass ein Pfarrer eo ipso Christ, sogar Inbegriff des Christlichen sei, mit evangelischen Gründen und unerbittlichem Hohn bestritten. Wäre dann also Kierkegaard ein «wahrer» Christ gewesen oder hätte zum mindesten die «richtige» Vorstellung davon gehabt, wie ein Christ sein muss? Gibt es «den» Christen überhaupt?

Wie auch immer: In meiner Innensicht bin ich wohl weniger «Christ» als das von aussen her scheinen mag. Für einen Menschen aber, der durch Jesus und seine Botschaft herausgefordert, ins Unrecht gesetzt, mit Fragen behelligt, zum Leben ermutigt wird, halte ich mich allerdings. […]

Ich vermute, dass dem christlichen Glauben (an den dreieinigen Gott, an den Gekreuzigten) eine demokratisch-sozialistische Praxis mit föderalistisch-libertärer Tendenz gesellschaftspolitisch am besten entsprechen würde. Gerade deswegen werden mir sozialistische «Gerechtigkeit» und «Solidarität» unheimlich, sobald aus ihnen das Wasserzeichen des Gekreuzigten getilgt ist. Muss ein solcher Sozialismus, für den dann auch Wörter wie «Gnade», «Vergebung», «Liebe», «Gott als

Liebe» bourgeoise Überbau-Vokabeln sind, nicht notwendigerweise einer intoleranten Gesetzlichkeit verfallen, die ihrerseits Freiheit abblockt, Ketzer verfolgt, Kreuze aufrichtet und sich damit auf säkularisierte Weise doch wieder dem Gottesgötzen der Macht und seiner bürokratisch-ideologischen Priesterschaft unterwirft?

Die Kirche ist gewiss nicht «besser» als die jeweilige Gesellschaft, in der sie lebt und deren Machtglauben, deren Krankheiten, vor allem auch deren Schuld sie teilt. Bestenfalls ist die unterscheidende Tugend der Kirche die, dass in ihr von Schuld gesprochen werden kann, dass davon vom Gekreuzigten her gesprochen werden muss, weshalb sich hier dann doch immer wieder Gewissen bilden und Vergebung ereignen kann.

Ich glaube, dass ich deswegen Christ bin, weil ich durch einzelne Christen erfahren habe und noch immer erfahre, was Vergebung ist. In ihr ist mir die schöpferische Herausforderung Jesu konkret begegnet. Vergebung befreit und verändert: mich, den andern und unsere Beziehung zueinander. Vergebung setzt frei, wo Gefangenschaft war. Sie schafft eine Solidarität, die auch unsere dunklen, gefährlichen Seiten mitträgt. Dadurch wird sie zu einer Quelle von Freundschaft und Liebe. Inmitten von Fatalismen und Sachzwängen ist Vergebung ein Akt der Freiheit und der Befreiung, der mich als Bürger im «Königreich der Angst» zu neuer Hoffnung, zu neuen Schritten motiviert auf das von Jesus angesagte Reich jenes Gottes zu, der Liebe, Freundschaft, Brüderlichkeit ist. «*Unser* Glaube *ist* die Auferstehung von Toten» – dieser Satz Tertullians umschreibt in etwa meine eigenen Erfahrungen, die ich andern Christen und ihrer Vergebung, Freundschaft, Liebe verdanke. Durch die Erfahrung mit ihnen bleibe ich geprägt und herausgefordert.

(Auszug)

am holz

der sich
ganz auf gott
verliess
    hängt am holz
    von gott
    verlassen
der
die gnade
ist
    schreit im schmerz
    der gnaden-
    los
der
für liebe
stritt
    stirbt
    von hass
    durchbohrt

Passion als Aktion

Und Jesus zog samt seinen Jüngern fort nach den Dörfern bei Cäsarea Philippi. Und auf dem Wege fragte er seine Jünger und sprach zu ihnen: Für wen halten mich die Leute? Da sagten sie zu ihm: Für Johannes den Täufer, andere für Elia, noch andere für einen der Propheten. Und er fragte sie: Ihr aber, für wen haltet ihr mich? Petrus antwortete und sagte zu ihm: «Du bist der Christus.» Und er befahl ihnen streng, sie sollten zu niemandem über ihn reden. Und er begann, sie zu lehren: Der Menschensohn muss viel leiden und verworfen werden von den Ältesten und den Hohepriestern und den Schriftgelehrten und getötet werden und nach drei Tagen auferstehen. Und er wird in Öffentlichkeit das Wort verkünden. Da nahm ihn Petrus beiseite und fing an, ihm Vorwürfe zu machen. Er aber wandte sich um und sah seine Jünger an, fuhr Petrus an und sprach: Hinweg von mir, Satan! Denn du sinnst nicht, was göttlich, sondern was menschlich ist.
Markus 8,27–33

Selbst schärfste Kritiker der Kirche und des Christentums machen mit ihrer Kritik Halt vor der Person Jesu von Nazareth. Quer durch Religionen und Ideologien geht eine Art auffälligen Respekts vor diesem Mann.

Solche Hochschätzung hat freilich auch ihre Kehrseite. Auf ihr steht geschrieben: Jawohl, Jesus verkörpert das Gute wie keiner. Doch leider ist er zu gut für diese Welt (wurde er nicht deshalb ans Kreuz geschlagen?). Er ist zwar das personifizierte Ideal – aber ein uns unerreichbares Ideal.

So wird Jesus hoch hinauf geschätzt und gerühmt in jene dünne Luft der Vollkommenheit, wo unsereiner nicht mehr atmen und leben kann. Und dort hoch oben leuchtet dieser ideale Jesus als unerreichbares, fremdes, fernes Gestirn, während wir hier unten sitzen in den Niederungen und Holzbänken irdischer Unvollkommenheit.

Was wir jedoch brauchen, ist nicht ein Ideal im Himmel, sondern Veränderung auf Erden.

Und nun sagt Petrus hier zum Mann aus Nazareth: «Du bist der Christus.»

Christus heisst: der Gesalbte. Das ist ein Begriff jüdischer Endzeiterwartung. Die Geschichte Israels kannte eine Salbung von Priestern, Propheten und vor allem: von Königen. Die Salbung eines Königs bei seinem Amtsantritt bestimmte den Gesalbten zum Mandatar Gottes, verwies ihn auf die Verheissung von Gottes Geist und Kraft, berief ihn dazu, nicht Selbst-König, sondern Gottes-König zu werden. Das so konzipierte Königtum degenerierte jedoch mehr und mehr, die Gesalbten versagten und enttäuschten, weil sie sich eher als Selbst-Könige denn als Gottes-Könige verstanden. Die geschichtliche Enttäuschung an seinen Königen erweckte im frommen Teil Israels, zumal nach dem Ende eines selbstständigen Königtums, die Hoffnung auf einen neuen, auf DEN Gesalbten, in dem sich die tausendjährige Königshoffnung erfüllen sollte und der kein Versager, kein Selbst-König, sondern Gottes-König im wahren Sinne dieses Wortes sein würde.

Und nun sagt Petrus vom ehemaligen Zimmermann und jetzigen Wanderprediger Jesus: «Du bist dieser König, du bist der Christus.»

Das heisst: Du bist uns mehr als ein Vorbild idealer Menschlichkeit, das man von weitem bewundert und verehrt. Du bist auch mehr als ein Prophet. Du redest, warnst und lehrst nicht nur – du bist ein König, bist DER König.

Die Aktionen eines Königs sind politische Aktionen. Der Gottes-König, der Christus, ist derjenige, der nicht Menschenpolitik, sondern Gottespolitik macht – Politik also, die unsere Welt von Grund auf verändern will und verändern wird.

Sicher hat Petrus seine eigenen Vorstellungen davon gehabt, auf welche Weise die Welt verändert werden müsste. Jeder von uns hat davon seine eigenen Vorstellungen. Jeder von uns ist ein kleiner Weltverbesserer und glaubt genau zu wissen, was getan werden müsste. So mag auch Petrus bereits einen Aktionsplan für den Christus-König im Kopf gehabt haben.

Wie ein Blitz schlägt in diese möglichen und menschlichen Aktions- und Weltverbesserungspläne die Mitteilung Jesu ein: «Der Menschensohn muss viel leiden und verworfen werden von den Ältesten und den Hohenpriestern und den Schriftgelehrten und getötet werden und nach drei Tagen auferstehen. Und er wird in Öffentlichkeit das Wort verkünden.»

Die nächste Aktion des Gottes-Königs ist Passion! Ist das Gegenteil all dessen, was Petrus (und nicht nur er!) vom Christus erwartet. Statt Triumph wird Verfolgung in Aussicht gestellt, statt Machtergreifung Verhaftung und Verwerfung, statt Sieg Tod – das alles zwar mit dem Hinweis auf eine Auferstehung nach drei Tagen. Aber das ist für Petrus kein Trost, ist für ihn wohl auch unvorstellbar. Bestürzt nimmt er Jesus beiseite und «fing an, ihm Vorwürfe zu machen».

Diese Vorwürfe sind bis heute nicht verstummt. Bis heute begreifen wir nur schwer, dass und weshalb die entscheidendste Aktion Jesu, des Christus, die Passion gewesen sein soll. Bis heute geht es uns schwer ein, dass Leiden und gewaltloses Sich-töten-Lassen überhaupt als eine Form von Aktion, von Kampf und sogar Sieg angesprochen werden kann. Das ist so ganz anders als unsere üblichen Wertungen und Massstäbe – so anders wie Gottes Politik eben anders ist als Menschenpolitik, wie Gottes Herrschaft anders ist als menschliche Herrschaftsformen.

Jüngst erzählte mir ein Ehepaar über seine Beobachtungen und Erlebnisse in Polen. «Wenn es irgendwo echten, leidenschaftlichen Christusglauben gibt, dann heute in Polen.» So wussten sie zu berichten und gaben auch gleich die Erklärung für diesen Befund: «Der Glaube ist dort so mächtig, weil er äusserlich sehr ohnmächtig ist.»

Sollte es also doch stimmen: dass es keine stärkere Aktion gibt als Ohnmacht und Passion? Dass Gott durch nichts die Welt so radikal zu verändern vermag als durch die Ohnmacht und das gewaltlose Opfer des Glaubens?

Tatsächlich: Die Botschaft von der Passion als Aktion, von der königlichen Erhöhung gerade des Gekreuzigten (so im Johannesevangelium), hat allen Widerstand und Unglauben bis dahin unterlaufen. Diese Botschaft war und ist nicht umzubringen. Der Grund dafür ist nach dem Evangelium der, dass der Träger dieser Botschaft nicht mehr umzubringen ist. Er, Jesus, der am dritten Tag von den Toten Erweckte, steht hinter dieser Botschaft. Er ist auferweckt worden, weil Gott sich zu ihm und zu seiner Botschaft, somit auch zu seiner Art der Weltveränderung bekannt hat. Deshalb wird sein Wort weiterverkündet. ER selber verkündet es, wie hier angesagt, «in Öffentlichkeit». Er verkündet es durch seine Zeugen unter den Augen atheistischer und pseudochristlicher Gewalttäter und Gewaltmächte. Wie wehrlos und machtlos dieses Wort auch sein mag: Es ist nicht umzubringen, weil ER nicht umzubringen ist. Und dieses Faktum zeigt an, dass keine Macht und Gewalt der Welt auf die Dauer der Machtlosigkeit des Wortes Gottes gewachsen sein wird. Darum kündet Jesus auch jenen Tag an, da es offenbar werden wird, dass SEINE Passion der Sieg ist, der die Welt verändern wird. In der kommenden Herrschaft Gottes sitzt das zur Schlachtbank geführte Lamm (Jesaja 53,7) mit Gott zusammen auf dem Königsthron (Offenbarung 22,3), ist DER Verdammte dieser Erde zum Lebensfürsten geworden.

Für uns, die wir solcher Weltveränderung, solcher Zukunft bewusst entgegenleben wollen, heisst das: Wir müssen umdenken, umlernen. Wir müssen unserem Unglauben, der sich immer neu als Aberglaube an die Gewalt, als Furcht vor der Gewaltlosigkeit und Passion manifestiert, den Abschied geben. Wir müssen uns an die von Jesus proklamierte Herrschaftsform, an das Passionskönigtum des Gottes-Königs gewöhnen. Solche Gewöhnung ist Einübung im Glauben, dass Gott unsere Welt durch die nackte Gewaltlosigkeit seines Wortes und seines Sohnes richten und aufrichten wird.

Palmsonntag

Palmsonntag
15.4.1984

Palmsonntag. Sein (Strauch-)Baum: die Stechpalme (Ilex aquifolium). In katholischen Kirchen nördlich der Alpen sind Stechpalmenzweige seit alters her ein Ersatz für die südlichen, im Norden deshalb kostspieligen Palmwedel des Palmsonntags.
Hannis immer noch feines Gehör: Es «chlepft», sagt sie im Garten, hörst du? Ach nein, leider nicht (mehr). Ganz leise, als ob irgendetwas aufspränge, beschreibt sie. Apfelbaumknospen? Nicht doch. Eher schon «chlepft's» in der FöhreDähleKiefer auf der gegenüberliegenden Strassenseite. «Knispern» hat's Arno Schmidt in «Zettels Traum» genannt: «Iss'nn das für'n Knispern obm? In den Kiefern: so ganz = fein – ?» Pagenstecher weiss es, wie immer, wie alles: «Die vorjährijen Kiefernzapfen springen auf.»

Ostern

Keine Ostern wie immer

Bleich sei Pastor Andersson an jenem Karfreitag oben auf der Kanzel gestanden. Wenn ich recht hörte, muss es ein Karfreitag zur Zeit des Ersten Weltkriegs gewesen sein. Von der Kreuzigung Jesu habe der Pastor gesprochen, dann aber von Gottes Niederlagen überhaupt. Auf Golgotha, in der Geschichte der Völker der Menschen und auch in seinem, des Pastors eigenem Leben ebenso wie im Leben der Gemeindeglieder: Niederlagen, nichts als Niederlagen Gottes! Fortzu brächten wir, die Menschen, Gott Niederlagen bei. Ich fürchte, habe der Pastor fast tonlos in seinen grauen Bart gemurmelt, so dass es nur in den vordersten Bankreihen noch knapp hörbar gewesen sei und auch da bloss für ein feines Gehör. Ich fürchte, habe er gesagt, dann aber doch nicht auszusprechen gewagt, *was* er fürchtete. Stattdessen habe er unvermittelt angekündigt, an Ostern werde diesmal kein Gottesdienst stattfinden. Man möge ihm bitte verzeihen, doch er sei nicht imstande, das Osterevangelium zu verkünden. Er glaube an keinen Sieg, an keine Auferstehung mehr. Die Zeit sei gekommen, endlich aufrichtig zu sein, getreu Jesu Wort: Selig sind die Aufrichtigen! Und diese Aufrichtigkeit gebiete ihm, die Augen nicht mehr länger vor Gottes offenkundiger Niederlage zu verschliessen und sich der bitteren Einsicht zu stellen, dass Gott an uns Menschen gescheitert sei. Kein Ostergottesdienst deshalb, auch kein österliches Glockengeläute – er bitte um Verständnis und Nachdenklichkeit. Ohne Gebet, doch immerhin mit einem Segen habe der Pastor die Gemeinde entlassen. Bedrückt und wie vor den Kopf geschlagen seien die Dorfleute aus der Kirche gegangen. Später, an den Mittagstischen, sei von nichts anderem gesprochen worden als von Pastor Anderssons Predigt und seiner Absage des Ostergottesdienstes. Da und dort habe man sich auch gefragt, ob der Pastor vielleicht krank und nicht mehr ganz richtig im Kopf sei seit dem Tod seiner Frau vor anderthalb Jahren.

Und so kam der Ostertag. Ohne Glockengeläute, ohne Gottesdienst. Der Westwind, wollen einige wissen, habe leichte Wolken über den Himmel getrieben. Im Dorf aber sei es still geblieben. Erst nachmittags hätten sich Kinder auf der Dorfstrasse gezeigt. Und schliesslich dann, schon gegen Abend, die hinkende Stine, die Frau des Schreiners Bergerup. So rasch, wie ihr Hinkegang dies erlaubte, sei sie zum Haus schräg hinter der kleinen Kirche gegangen.

Deine Predigt, Pastor, macht uns zu schaffen, habe sie ohne Umschweife zu reden begonnen. Leider hast du recht, wir können dir nicht widersprechen: Wo Menschen sind, zieht Gott den Kürzeren. Unsere Herzen, unsere Häuser sind Stätten seiner immerwährenden Niederlage. Das ist schlimm genug. Warum hast du Gott nun auch noch eine weitere Niederlage zufügen müssen, unnötigerweise, wie mir scheint?

Ist es denn nicht Zeit, endlich aufrichtig zu werden? habe der Pastor sich gewehrt.

Es ist Zeit, du hast recht, sei Stines Antwort gewesen. Warum aber willst du dem geschlagenen, wohl auch niedergeschlagenen Gott gerade an Ostern nun sogar das Letzte nehmen, was er noch Gutes von uns empfängt, was ihn, wer weiss, vielleicht auch ein bisschen zu trösten vermöchte – unsere Lieder, unsere Gebete nämlich? Höre also, was ich tun werde: Ich gehe jetzt in die Kirche, ich werde das Glockenseil ziehen. Auf das Glockengeläute hin werden, denke ich, einige Leute kommen, und sei es auch bloss aus Neugier. Zusammen aber werden wir einen Choral singen, werden ein Gebet sprechen. Dieser Ostertag darf und soll nicht sang- und klanglos vorübergehen.

Der Pastor, im Gesicht noch grauer geworden, habe gerufen, in wohl heiligem Ingrimm: Lieder? Gebete? Stine, was soll das? Ihr Heuchler, tut hinweg von mir das Geplärr eurer Lieder! So sprach der Herr zum Propheten Amos.

Stine jedoch habe sich nicht beirren lassen und ausgeführt, was sie sich in den Kopf gesetzt hatte. Auf ihr Läuten hin sei nahezu das ganze Dorf in die Kirche geströmt. Auch der Lehrer sei dagewesen und habe sich ans Harmonium gesetzt. Nachdem sie beide Altarkerzen entzündet hatte, habe Stine die Gemeinde begrüsst und einen Choral vorgeschlagen. Machtvoll wie sonst nie, ja fast trotzig sei der Gesang gewesen. Hernach habe Stine das Vaterunser zu sprechen begonnen, und alle seien eingefallen, hätten mitgebetet. Nach einer kurzen Stille, die wie ein erleichtertes Aufatmen gewesen sei, habe Stine gesagt: Das ist alles, ich bin ja kein Pastor. Und habe allen einen gesegneten Osterabend gewünscht.

Von diesen Ereignissen, heisst es, seien allerdings verschiedene Versionen in Umlauf gekommen. Mit Bestimmtheit könne niemand mehr sagen, was nach Pastor Anderssons Karfreitagspredigt, die immerhin als Faktum und auslösendes Geschehen betrachtet werden dürfe, alles passiert sei. Möglicherweise sei Stines Intervention, falls so wie geschildert verlaufen, nur eine unter anderen Reaktionen gewesen. So etwa soll Ole Larsson, der Dorfatheist, freudig eine schwedische Fahne aus dem Fenster gehängt haben, obgleich diese ja ein Kreuz enthält. Und Pastor Andersson? Kein Wunder, dass über ihn die widersprüchlichsten Dinge erzählt werden. Er sei aus dem Dorf geflohen, dann aber wieder zurückgekehrt. Nein, sagen andere, er ist nie geflohen, er wurde in eine Klinik verbracht. Davon könne keine Rede sein, glauben wieder andere zu wissen, er habe noch einmal geheiratet und fortan auch wieder Ostergottesdienste gehalten, als wäre nichts geschehen, Ostergottesdienste mit Abendmahl, wie es sich gehöre. Zu viel Zeit ist seither eben verstrichen, viele Ostertage sind ins Land gegangen, doch keiner ist so gut in Erinnerung geblieben, so oft wiedererzählt worden wie dieser eine.

Ostern

Weil Jesus, der Christus, zur Zentralfigur der Christenheit geworden ist, nimmt diese gerne an, er sei auch seinerzeit schon Mittelpunkt allen Geschehens in Galiläa und Judäa gewesen. Die Realität dürfte anders ausgesehen haben. Vermutlich war Jesus einer unter anderen «Wandercharismatikern» (Gerd Theissen) und sein öffentliches Wirken ebenso wie seine öffentliche Hinrichtung in jener religiös und sozial bewegten Zeit ebenfalls ein Vorkommnis unter anderen.

*

Dass aber gerade Jesus nicht bald wieder in Vergessenheit geriet, dass sogar einige Jahrzehnte nach seinem Tod Leute daran gingen, in Umlauf gebliebene Geschichten über ihn zu sammeln, schriftlich festzuhalten und als Evangelien zu gestalten, scheint eine Folge jener rätselhaften Ereignisse gewesen zu sein, die wir seither im Begriff «Ostern» zusammenfassen. Nicht allein aber die Evangelien, auch die anderen, z. T. schon vorevangelischen Schriften des zweiten Testaments (und ebenso die apokryphen Texte) setzen das Ostergeschehen voraus. Ohne Ostern kein «Neues» oder zweites Testament. An und nach Ostern müssen Dinge passiert sein, die das Interesse an der Person und der Botschaft Jesu schliesslich auch in breiteren Kreisen so nachhaltig geweckt haben, dass ein Bedürfnis nach schriftlich fixierten Zeugnissen entstanden war.

*

Die «Dinge», die sich da ereignet hatten, waren freilich gerade keine Dinge, es waren *Erscheinungen*: Der Gekreuzigte *erschien* den Seinen – und zwar so, dass diese ihn zunächst oft nicht wiedererkannten (Lukas 24,13–31; Johannes 20,14; 21,4). Ein Verwandelter also. Und so plötzlich, wie er da war, war er auch wieder nicht mehr da – als hätte sich in ihm etwas von der Erscheinungsweise dessen widerspiegeln wollen, der einst verheissen hatte: «Ich werde (da) sein, (als) der ich (jeweils dann da) sein werde.» Nach relativ kurzer Zeit hörten die Erscheinungen auf. Halluzinative Phänomene vielleicht? Doch wer dies annimmt, müsste dann auch erklären können, weshalb diese so erstaunliche Langzeit- und Breitenwirkungen haben konnten.

*

Die Erscheinungen konnten die Jüngerinnen, Jünger schliesslich jedenfalls davon überzeugen, dass der am Kreuz zu Tod Gemarterte vom Tod auferweckt worden, dass er auferstanden war. Allerdings erschien der Auferstandene exklusiv nur seinem Jüngerkreis. Warum nicht auch Aussenstehenden, warum z. B. nicht – triumphierend! – dem Pilatus, warum nicht den Mitgliedern des Synhedriums oder Hohen Rats, so dass diese überwältigt, gedemütigt, in Reue zitternd vor ihm auf die Knie gefallen wären? Oder warum nicht – um weiter zu phantasieren – dem Kaiser in Rom höchstselbst, so dass dieser seine Macht vielleicht in den Dienst dessen hätte stellen wollen, der über den Tod triumphiert hatte? Nichts dergleichen geschah. Sowenig Jesus am Kreuz nach Gottes Zorngericht gerufen hatte, sowenig triumphierte er als Auferstandener gegen und über seine Gegner.

*

War Jesu Auferstehung denn überhaupt ein prinzipieller Triumph über den Tod? Lehrt Gottes Schöpfung nicht, dass ohne Sterben kein Leben möglich ist, dass der Tod nach dem Willen des Schöpfers zum Leben gehört? Was freilich nicht ausschliesst, dass Sterben Verwandlung bedeuten könnte, z. B. von einer Lebensform in andere Lebensformen. Die Schöpfung insgesamt befindet sich in einem Prozess andauernder Verwandlung, Transformation. Wenn der Auferstandene triumphierte, dann vor allem über den Versuch, ihn *gewaltsam* zu beseitigen, zum Schweigen zu bringen.

*

Die Erscheinungen des Auferstandenen blieben eine gruppeninterne Angelegenheit. Der Verwandelte, der den Seinen erschien, war der *Gekreuzigte* (Johannes 20,24–29), kein Triumphator, geschweige denn ein messianischer Imperator. Insofern enthielten die Erscheinungen auch eine *Weisung* an die Jünger, an ihre Nachfolger, an alle Christen, nämlich: Auch ihr sollt euch niemals in Glaubens-Triumphatoren oder auch nur in kleine Glaubens-Imperatoren verwandeln! *Diese* Oster-Weisung hat die Christenheit freilich *nicht* gehört und *nicht* befolgt – das dürfte ihre grosse Schuld, Mitschuld sein an manchen geschichtlichen Fehlentwicklungen.

*

Erschien der Auferstandene aus einem «Jenseits», und ist er wieder in dieses zurückgekehrt? Falls ja, so ist es nur desto bemerkenswerter, dass er nicht etwa kam, um die Seinen nun ebenfalls ins «Jenseits» zu holen. Er kam, um ihnen Aufträge zu erteilen für ihr diesseitiges Leben und künftiges Wirken (Matthäus 28,16–20; Markus 16,15–20; Lukas 24,49; Johannes 20,17.20–25). Offensichtlich hat er die Welt, die ihm grausam mitspielte, dennoch nicht aufgeben wollen, sah sie vielmehr und nach wie vor vielmehr im Lichte der Weltleidenschaft Gottes. Im Übrigen war und ist «Jenseits» kein biblischer Begriff.

*

Waren die Erscheinungen eventuell übersinnliche, gewissermassen okkulte Phänomene? Allein, der Verwandelte liess sich, so die Texte, durchaus sinnlich berühren, anfassen, hatte sogar auch Hunger und begehrte zu essen (Lukas 24,39–42). Die Erscheinungstexte sind voll von einer oft geradezu unverschämten Sinnenhaftigkeit, was ihnen denn auch den Vorwurf eingetragen hat, unglaubhaft zu sein. Bei den Jüngern scheinen jedoch gerade die irritierend leibhaftigen Erscheinungen des Totgeglaubten einen ungeheuren Motivationsschub eingeleitet zu haben.

*

Handelte es sich bei den Erscheinungen möglicherweise um *Visionen* der Jüngerinnen und Jünger? Im Unterschied zu Halluzinationen vermögen Visionen sehr wohl Akzeptanz zu finden und breite Bewegungen auszulösen, jedenfalls dann, wenn die «Schau» eine überzeugendere Sicht der Dinge und Zusammenhänge vermittelt als der Blick auf jeweilige Raum- und Zeitsegmente, die vermeintliche «Realisten» bereits für die ganze Realität halten. Die Ostertexte zeigen die Jünger zunächst aber nicht als Visionäre – das sind sie erst an und nach Pfingsten geworden –, sondern als überraschte, verdatterte, verwirrte Zeugen eines ihr Verstehen übersteigenden Geschehens. Gerade das macht sie zu Identifikationsfiguren. Bis zum heutigen Tag ist ihre Verwirrung, ihre Ratlosigkeit auch die unsrige.

*

Was denn nun waren die Erscheinungen wirklich? Keine Ahnung. Das Sichtbarwerden eines Risses, eines Ursprungs sozusagen, in unserem scheinbar so kompakten Wirklichkeitsbegriff, der so kompakt vielleicht aber nur deswegen ist, weil er uns als Mittel der Weltbemächtigung dienen muss? Auch das weiss ich nicht, kann höchstens registrieren, dass jenes gruppeninterne, diskrete Oster-Geschehen, das von der damaligen Öffentlichkeit kaum wahrgenommen worden ist, reale und weitreichende Folgen gehabt hat. Darüber staune ich, ähnlich wie über das Urwunder, den Qualitätssprung vom Nichtleben zum Leben. Schwer zu sagen, ob ein solches Staunen auch schon ein Glauben ist. Vielleicht dessen erste Regung? Ohne Zwang, d. h. ohne zwingende Notwendigkeit freilich auch sie. Wir müssen nicht, wir *dürfen* glauben – Freiheit also, Diskontinuität auch: Der Psychologe wird von irrationalen Gefühlen sprechen, der Theologe von Gnade. Manche Menschen aber vermögen über das Wunder Leben zu staunen, ohne doch in ihm die liebende, österlich erfindungsreiche Weltleidenschaft Gottes am Werk zu sehen. Homines admirantes, bewundernde Männer, Frauen, auch sie und insofern Bundesgenossen im

Kampf wider die langsame Zerstörung, Annihilierung des geschöpflichen Lebens auf diesem Planeten.

*

Das Wunder Leben, das Rätsel Ostern – unerklärbar jenes, unauflösbar dieses. «Wir ziehen daraus den Schluss, dass die genaue Wahrheit im Dunkel unserer Unwissenheit in der Weise des Nichterfassens aufleuchtet.» (So der Denker der belehrten Unwissenheit, Nikolaus von Kues, in seiner Schrift «De docta ignorantia», 1440).

Auferstanden von den Toten

Am unverzichtbarsten ist im christlichen Festkalender das Osterfest. Notfalls, schlimmstenfalls könnte man alle anderen Feste bleiben lassen. Nicht aber, nie aber Ostern. Dass Jesus von den Toten auferstanden ist, ist die zentrale Botschaft des christlichen Glaubens. Diesen gäbe es nicht, wenn Ostern nicht gewesen wäre.

*

Ist es überhaupt aber möglich, angemessen von Ostern zu reden? Ich habe unzählige Osterpredigten gehalten. Sie sind alle gescheitert, denn die Sprache bekommt Ostern nicht in den Griff. Die theologischen Begriffe, mit denen wir operieren, strahlen zwar Schönheit aus, sind trotzdem aber nicht fähig, das seinerzeitige Ostergeschehen hinlänglich zu klären, geschweige denn zu erklären. Das Scheitern der Osterpredigten war und ist unvermeidlich. Vielleicht macht gerade dieses Scheitern sie glaubwürdig?

*

«Wenn es ein christlich-theologisches Axiom gibt, so ist es dieses: Jesus Christus ist auferstanden, er ist wahrhaftig auferstanden! Eben dieses Axiom kann sich aber niemand aus den Fingern saugen. Man kann es nur nachsprechen ...» (Karl Barth) Axiom wird in der Logik eine Aussage genannt, die aus keiner bisher bekannten und anerkannten Wahrheit ableitbar ist. Axiome bleiben deshalb von Zweifeln umlagert. Sie leuchten entweder unmittelbar oder dann überhaupt nicht ein.

*

Am überzeugendsten wohl noch ist das gottesdienstlich *gesungene* Osteraxiom:

«Auf den Gräbern blühen Blumen,
Vögel aus dem Paradiese
flattern singend drüber hin,
und die Engel all im Chore
und die Schar der Cherubinen
und das Heer der Seraphinen
jauchzen ihren Jubelsang:
Jesus Christ ist auferstanden!»
(Altrussisches Kirchenlied)

*

Du musst eben glauben, wird Zweiflern, zumal Oster-Zweiflern, etwa gesagt. Glauben und Müssen vertragen sich jedoch nicht miteinander. Wer glaubt, weil er muss, ist Opfer einer Erpressung geworden. Als solches wird er den wahren *Ostermut* schwerlich finden können.

*

Ein Grund, weshalb mir das Oster-Axiom einleuchtet, dürfte nicht zuletzt durch die Tatsache gegeben sein, dass der vom Tod Auferstandene nichts, überhaupt nichts von jenem postmortalen «Drüben» verriet, das «Jenseits» zu nennen wir uns angewöhnt haben. Ausgerechnet die Frage, die im Mittelpunkt fast aller Religionen und erst recht der heutigen Religiosität steht, wird von dem Juden, der tot war und auferstanden ist, keiner Antwort gewürdigt – als gäbe es jetzt Wichtigeres, Dringlicheres zu bedenken und zu tun, als sich mit Jenseits-Berichten zu beschäftigen.

*

Nur nebenbei: Das Schweigen des Auferstandenen über seine Jenseits-«Erlebnisse» macht mir heutige Erzählungen über Erfahrungen in Todesnähe denn doch ziemlich suspekt.

*

Jesus hat keine Religion gestiftet. Er ist von den Toten auferstanden. Wohin auferstanden? Nicht in ein Jenseits, vielmehr zu seinen Jüngerinnen und Jüngern. Ihnen gab er Anweisungen für ihr weiteres Verhalten und Wirken und damit ihrem diesseitigen Leben eine neue Richtung.

*

Von den Toten auferstanden – welch ein Triumph! Aber überhaupt kein Triumphalismus. Seinen Anhängern erschien der Auferstandene auf staubigen Strassen oder in Jerusalemer Hinterzimmern, wo die verbliebenen Jünger sich aus Angst vor Verfolgung versteckt hielten. Und vor allem: Kein Auftrumpfen gegenüber jenen, deren Intrigenspiel zur Kreuzigung geführt hatte. Auch über sie hat der Auferstandene sich konsequent ausgeschwiegen. Für ihn waren sie offenbar kein Thema mehr. Kein Triumph- oder gar Rachewort ist über seine Lippen gekommen.

*

Der Auferstandene tritt in das Leben von Einzelnen und ebenfalls in dasjenige von gottesdienstlichen Versammlungen/Gemeinden. Den ersteren Fall beschrieb z. B. Paulus den Christen in Galatien einst so (2,20): «Ich lebe, aber nicht mehr ich, sondern Christus lebt in mir.» Das kommunitäre Christus-Erlebnis hat Jesus selbst angekündigt: «Wo zwei oder drei in meinem Namen versammelt sind, da bin ich mitten unter ihnen.» (Matthäus 18,20) Diese Ankündigung dürfte freilich nachösterlich und somit eine Aussage des Auferstandenen gewesen sein, die der Evangelist Matthäus in Jesu galiläische Zeit vorzuverlegen für sinnvoll hielt. Er war kein Chronist, kein Historiograf – sondern eben ein Evangelist.

*

Die Evangelien sind keine Ereignis- und Redeprotokolle. Das Bedürfnis, Jesus betreffende, mündliche und schriftliche Überlieferungen zu sammeln, zu bündeln und zu einem Ganzen zu vereinigen, zu komponieren, ist erst relativ lange nach den Osterereignissen erwacht, Der Wunsch, Näheres, noch Genaueres zu erfahren über den, der da vom Tod auferweckt worden war und dessen Gegenwart von den rasch wachsenden Gemeinden erlebt und gefeiert wurde, war sozusagen der Vater der Evangelien. Diese sollten überdies als Missionsschriften verwendet werden können. Die Entstehungsgeschichte der Evangelien, aber auch der Apostelbriefe, lässt durchaus den Schluss zu: Wäre Jesus nicht auferstanden, wären auch die neutestamentlichen Schriften nicht geschrieben worden.

*

Jesus hat keine Kirche organisiert. Er ist von den Toten auferstanden. Dass er unsere Welt nicht verlassen hat, sie nicht sich selbst überlassen will, wird bis heute in der Existenz christlicher Gemeinden manifest.

*

Im Gedenken an die Auferstehung Christi versammelten sich die ersten Christen mehr und mehr am Tag nach dem Sabbat, dem Auferstehungstag. Sie feierten Ostern jede Woche am «Tag des Herrn». Darauf verweisen die Gedichtzeilen des neugriechischen Poeten Odysseas Elytis: «Der nach jedem Samstag Auferstandene / Er. Der Ist, der War und der Sein Wird.»

*

Bin ich vielleicht der Versuchung erlegen, für die Auferstehung Christi nach rational einleuchtenden Argumenten zu suchen? Habe ich mich dazu verleiten lassen, den Glauben an den Auferstandenen mit Plausibilitätsgründen erleichtern zu wollen? Narrheiten alles! Entschuldbar höchstens mit meiner Liebe zur Vernunft, die immerhin auch eine Gabe Gottes ist.

Einer der seltenen Gegenwartsautoren, die Karl Barth gründlich gelesen haben, ist der Amerikaner John Updike. In seinem Gedicht «Sieben Strophen zu Ostern» ermahnt er die Christen und die Osterprediger unter ihnen:

> «Lasst uns nicht Gottes spotten mit Metaphern,
> Vergleichen, Ausflüchten, mit Transzendentem,
> macht das Ereignis nicht zur Parabel, zum blassen
> Zeichen der Glaubenseinfalt früh'rer Zeiten:
> Durchschreiten wir die Tür.»

und:

> «Versuchet nicht, es weniger monströs zu machen,
> nach eigenem Belieben, eignem Schönheitssinn,
> sonst werden wir, erweckt in unfassbarer Stunde, vom
> Wunder jäh erschreckt, und dann zermalmt uns
> der Beweis der Wahrheit.»

ostern o stern

I   o
    (stern
    restn
    nestr)

    ostern o sternte
    nestnieder
    o sterne ostern
    uns wieder

            o
            (nestr
            restn
            stern)

II   ostern
    restostern nestostern – wer wälzte uns
    den christlichen plunder vom grabe
    des herrn?

    ostern
    o stern o morgen o morgenstern still im
    abend
    des christlichen still im christlichen abend
    lande

Geschichte, Ostern

1

Falls Gott das lenkte,
was gemeinhin
Geschichte heisst,
wäre Er,
was gemeinhin
ein Sadist genannt wird,
durch Blutströme watend
von einer Gewalttat
zur andern.

2

Und heute?
Die Aufklärung gescheitert.
Der Sozialismus ratlos.
Die Kirchen kompromittiert.
Ist der Mensch zum Krebs der Erde geworden?
Geschichte verschlingt die Natur.
Der Hunger rückt vor.
Hochrüstung schenkte High-Tech.
Nicht einmal Blut
muss mehr fliessen im Krieg:
lichtschnell karbonisieren Laserstrahlen
Landstriche, Städte, Menschen,
verbrennen sie ohne Flammen,
im Bruchteil einer Sekunde
alles schwarz
alles verkohlt.
[...]

(Auszug)

die frauen am ostermorgen

fahllicht
und vogelruf

frühtau
vorm grabe lag

zum zweiten male
erschuf

gott göttin
den tag

Osterbaum
20.–22.4.84

Osterbaum gibt es keinen. Man müsste erst noch einen ernennen. Oder sind vielleicht alle Bäume Osterbäume? Die theologische Tradition kennt nur einen, allerdings symbolischen, nämlich das Kreuz, das als «arbor vitae», als der neue Lebensbaum, gedeutet wird in Entsprechung zum Lebensbaum des Paradieses (1. Mose 2,9). Für Johannes Damascenus (ca. 670 bis ca.750) und andere war freilich nicht das Kreuz, sondern Christus selbst der wahre Lebensbaum. Die «Aurelia occulta», ein früher alchimistischer Text, formulieren: «Christus qui est arbor vitae et spiritualis ac corporalis» («Christus, der der Baum sowohl des spirituellen wie des körperlichen Lebens ist»). Welche Fäden verweben diese Vorstellungen mit denjenigen des «Jesus patibilis» und des Todischen Baumchristus (vgl. 3.8.83)?

ostern

christus lebt
die hasen sterben aus

ostervision

es freut sich der himmel
es freut sich die erde
es küssen sich
frau und gefährte
die bäume auch freu'n sich
die hasen die hühner der hund
es hüpfen die kinder
die eier sind bunt
es frohlocken apostel propheten
und selbst
über beton und städten
silbert und glänzt
ein luft-diadem
als schwebte hernieder
das neue jerusalem
um weich hier zu landen:
christ ist erstanden!

Osterzweifel, Osterglaube

Hat der Kalender recht? Folgt auf den Karfreitag tatsächlich Ostern, auf die Niederlage der Sieg?

Hat sich in vielen Jahrhunderten seit Jesu Kreuzigung und Auferweckung etwas in der Welt geändert, ausser, dass die Kriege noch grausamer, der Hunger noch verheerender, die Gewalt noch brutaler geworden ist?

Martin Luther King war ein Zeuge Jesu Christi. Als solcher hat er leidenschaftlich und zäh für die Rechte der farbigen Minderheit in den USA gekämpft. Nicht ohne beträchtliche Teilerfolge. Aber gerade diese ersten Erfolge liessen das wahre Ausmass des Rassenproblems deutlich werden. Die Fortschritte in der Bürgerrechtsgesetzgebung machten den Farbigen erst recht bewusst, wie kompliziert und subtil der Mechanismus der Diskriminierung funktionierte. Gesetzgeberische Massnahmen vermochten diesem Mechanismus nicht beizukommen. Mehr und mehr begannen darum die Farbigen das in den USA und in der weissen Welt herrschende Gesellschaftssystem grundsätzlich anzuzweifeln und anzugreifen. Statt der Gewaltlosigkeit, für die Martin Luther King als Methode eingetreten war, wurde Gewalt, «Black Power», gepredigt. Man sprach von einer «Radikalisierung», die Martin Luther Kings Methode der Gewaltlosigkeit zu überspielen drohte. Aber war und ist diese Radikalisierung zur Gewalt auf farbiger Seite nicht ein Reflex der von der von den Weissen heimlich oder offen geübten Gewalt? Zeigte der Vietnamkrieg nicht deutlich, wie den Weissen jede Gewaltanwendung recht ist, wenn es gilt ihre Machtansprüche gegen Farbige durchzusetzen? Jedenfalls wurde Martin Luther King zu einem leidenschaftlichen Wortführer gegen den Vietnam-Krieg. Aber zuweilen konnte man in letzter Zeit den Eindruck bekommen, dass King angesichts des Gewalt-Denkens, das sich bei den Weissen zeigte und das entsprechendes Gewalt-Denken auf seiten der Farbigen provozierte, an den Chancen gewaltloser Lösungen irre zu werden begann.

Und nun ist der Repräsentant der Gewaltlosigkeit als Mittel des politischen Kampfes brutaler Gewalt zum Opfer gefallen. Ein Märtyrer. Wird aus einem Märtyrertod die Idee der Gewaltlosigkeit strahlend neu und sieghaft erstehen? Leider ist das Gegenteil zu befürchten. Die Schüsse auf King können – zumindest vorläufig – auch die Idee der Gewaltlosigkeit getötet haben. Also einmal mehr: Triumph der Gewalt! Die Gewaltlosigkeit, wie sie Jesus Christus verkündete und in seiner Nachfolge Martin Luther King vertrat, scheint aufs Neue eine Niederlage erlitten zu haben, aufs Neue als utopische Donquichotterie entlarvt zu sein.

Wir leben also nach wie vor in einer Karfreitagswelt: in einer Welt der Gewalt, auch wenn es am dritten Tag nach dem Karfreitag Ostern wird – die Karfreitagswelt lebt weiter: zäh, rücksichtslos, mörderisch.

«... wir glauben an den, der Jesus unseren Herrn auferweckt hat von den Toten» (Römer 4,24). So lautet eines der Osterbekenntnisse der frühen Christenheit von Paulus formuliert.

Allein: Was soll uns die österliche Auferweckung des Gekreuzigten, wenn sie keine die Welt verändernden Folgen hat, wenn sie der Gewalt keine Schranken zu setzen, die Gewalttäter (die individuellen und die kollektiven) nicht zu hindern oder gar zu verwandeln vermag? Ist auch der vom Tod auferweckte Christus so ohnmächtig, so einsam und auf verlorenem Posten wie vorher der schliesslich gekreuzigte Galiläer?

Vielleicht.

Die Osterbotschaft freilich sagt: Mag Jesus nach wie vor auf verlorenem, einsamem, von den Weltereignissen und Menschentaten (gerade auch der Christen!) immer neu desavouiertem Posten stehen: – Er ist dennoch die Wahrheit! Wenn die Ostergeschehnisse einen Sinn haben, dann den einen, dass Gott sich definitiv auf die Seite dieses erfolglosen, einsamen, immer wieder scheiternden Gekreuzigten und Auferweckten geschlagen, ihn definitiv als die Wahrheit legitimiert hat.

Darum glaubt der Osterglaube, dass Jesus nach wie vor recht, die Gewalt der Karfreitagswelt nach wie vor unrecht hat. Oder, um ein Wort Ernst Blochs zu zitieren: «Was ist, kann nicht wahr sein.» Die Wahrheit ist das Noch-nicht-Seiende, das, was dem Jetzigen entgegengesetzt ist.

Die Kirche und wir Christen passen uns – halb aus Blindheit, halb aus Hilflosigkeit, weil wir nicht anders können – der gewalttätigen Karfreitagswelt immer wieder an. Wir verschleudern die Wahrheit Gottes im täglichen Kleingeld hilflos-erbärmlicher Anpassungen und Halbwahrheiten. Gerade deshalb ist es wichtig, dass uns das neutestamentliche Osterzeugnis sagt: Einer bleibt, wenn auch einsam überspielt, ungeachtet, auf seinem Posten! Auf dem Posten der göttlichen Wahrheit und so auf dem Posten der göttlichen Zukunft. Einer bleibt, ohne Kompromiss, ohne sich anzupassen, bei der Sache, die Gott an Ostern demonstrativ zu der seinen gemacht hat. Einer bleibt unbeirrbar, unabsetzbar auf dem Kurs in die Zukunft, die nach Gottes Willen die Wahrheit, die jetzt noch nicht ist, ins Sein bringen wird. Dieser Eine ist Jesus, den Gott «auferweckt hat von den Toten». Mag sein, dass solcher Osterglaube utopisch ist. Die Schüsse, die Martin Luther King getroffen haben, treffen auch ihn. Es sind nicht die ersten und auch nicht die letzten Schüsse, die dem Osterglauben und dem Auferstandenen, dessen Zeuge King war, gelten.

Aber das utopische Element des Osterglaubens (oder das, was wir utopisch nennen) besagt, dass die Wahrheit Gottes nicht manipulierbar ist: weder durch Gewalt noch durch Bestechung noch auch durch kirchliche Taktik. All diesen Anschlägen und Pressionen bleibt seit seiner Auferweckung Jesus als die Wahrheit Gottes entzogen. Unbeirrt, untötbar geht der Auferstandene in die Zukunft, ähnlich wie in Alexander Bloks Gedicht «Die Zwölf» Christus durch Kugelregen den zwölf Rotgardisten vorangeht:

> Und voran – mit blutiger Fahne,
> Unsichtbar im Schneegeleit
> Perlumrieselt, todgefeit ...
> Lichtdurchwebt, gleich einem Stern –
> Jesus Christ, der Sohn des Herrn

Osterprotest

Die Auferstehung Jesu Christi von den Toten wird in den Osterberichten der Evangelien nirgends beschrieben. Die Evangelisten bezeugen nicht die Auferstehung, sondern das *Auferstanden-Sein* des Herrn.

Historisch erfassbar sind am Ostergeschehen die folgenden Tatsachen. Nach dem sowohl furchtbaren wie entehrenden Ende Jesu am Kreuzgalgen blieben seine Jünger erschrocken, eingeschüchtert und an der göttlich-messianischen Sendung ihres Meisters irre geworden, zurück. Seine Mission schien gescheitert, ihre Hoffnung vernichtet. Binnen weniger Tage jedoch machten die konsternierten, verängstigten Jünger die verloren gegebene Sache des Gekreuzigten von neuem und erst recht zu ihrer eigenen Sache. Fragt man, wie dieser rätselhafte Umschwung zu erklären sei, so lautet die Antwort der Beteiligten: «Wir haben den Herrn gesehen!» (Johannes 20,25) An Pfingsten traten dann die Jünger vollends aus ihrer ängstlichen Reserve furchtlos in die Öffentlichkeit hinaus und verkündeten laut, dass der Gekreuzigte nicht, wie erst angenommen, gescheitert, sondern von Gott «erhöht» worden sei (Apostelgeschichte 2,33). Damit kam jene Geschichte christlicher Verkündigung in Gang, die unsere Welt wie kaum ein anderes Geschehen bewegt hat. Ostern ist so zu einem der folgenreichsten Ereignisse unserer Geschichte geworden.

Dennoch ist das Osterzeugnis der Evangelien missverstanden, wenn man das Auferstanden-Sein Jesu vom Tode als ein Geschehnis ferner Vergangenheit auffasst. Damit geriete Ostern ins Zwielicht der unaufgeklärt gebliebenen Mirakel im Grenzland zwischen Geschichte und Mythos, an denen die Historie nicht eben arm ist. Und die derart Mirakel-Gläubigen müssten nichts so sehr fürchten wie eine mit den Mitteln der Vernunft betriebene Aufklärung der und gerade auch *dieser* Geschichte!

Nun vermag aber jede historische Aufklärung des Ostergeschehens nur bis zur Aussage der Jünger vorzudringen: «Wir haben den Herrn gesehen!» Der Neutestamentler Prof. Hans Conzelmann sagt dazu: «Was sie über dieses Sehen berichten, ist nicht ein Beweis, sondern ein Glaubenszeugnis. Das heisst, über die Wahrheit dieses Glaubens wird nicht in der Sphäre der Betrachtung von aussen her entschieden – das Evangelium selbst fordert auf, den Lebendigen nicht bei den Toten zu suchen. Die Wahrheit dieses Glaubens kann nur als *heutige* Wahrheit erfahren werden ...»

So gehört es zum historisch-kritisch erhellten Wesen der neutestamentlichen Osterzeugnisse selbst, dass sie die Auferstehung Jesu gerade nicht als Faktum abgeschlossener Vergangenheit von der Zukunft (und damit von *unserer* Gegenwart) isolieren. Die Zeugnis-Struktur der Textquellen bringt im Gegenteil zum Ausdruck, dass der Gekreuzigte *lebt* und dass sein Leben als Auferstandener nicht mehr geschichtlich bedingtes, vielmehr ein von jetzt an Geschichte bestimmendes und Geschichte schaffendes Leben, also *schöpferische Gegenwart* ist.

*

Jesus hat die Weltgeschichte als ein selbstzerstörerisches Pandämonium irrationaler Mächte und Leidenschaften, als «Endgeschichte» beschrieben (siehe z. B. Markus 13). Die Geschichte seiner eigenen Verhaftung und Kreuzigung bestätigte diese Sicht. Ein irreguläres, nach jüdischem Recht ungesetzliches Gerichtsverfahren (wie jüdische Forscher heute mit Recht nachweisen) führte zum Todesurteil gegen ihn. So wurde er selbst das Opfer religiöser und politischer Machtwillkür.

Da Jesu Auferweckung vom Tod nicht als verblüffendes Mirakel, sondern – nach dem Zeugnis der Osterzeugen – nur als zukunftweisende *Tat Gottes* recht verstanden werden kann, haben wir zu fragen, in welche Zukunft die österliche Gottestat zielt.

Ostern ist die manifeste Parteinahme Gottes für den Gekreuzigten. Gott solidarisiert sich mit dem von den religiösen und politischen Herrschern Verworfenen und macht so die Sache des Gekreuzigten zu seiner eigenen, göttlichen Sache. Deshalb bekamen auch die Jünger wiederum Mut, die verloren gegebene Sache Jesu neu zu der ihren zu machen! Gottes Parteinahme für den Gekreuzigten, den herrschenden Mächten stracks zuwider, zielt auf radikale Korrektur der Geschichte. Ist diese Geschichte bislang eine Geschichte der Sieger, deren Geschichtsschreibung die Opfer, die sie verschulden, verschweigt oder verleumdet, so zielt Gottes Handeln seit Ostern auf eine Zukunft, in der nicht nur die Opfer rehabilitiert und die bisherige Geschichtsschreibung korrigiert, sondern die Herrschaft der Macht über die Ohnmacht, der Sieger über die Besiegten, der Reichen über die Armen definitiv überholt wird.

Durch seine Hinrichtung sollte Jesus ins Vergessen «versenkt» werden – wie Ungezählte vor ihm und Ungezählte nach ihm: Wer kennt ihre Namen? Die Geschichte geht über sie hinweg, feiert die Sieger mit Biografien und Filmen und zählt – wenn überhaupt! – die Opfer nur statistisch.

Ostern heisst: Dieser Art Geschichte setzt Gott protestierend *seine* Geschichte entgegen, als nicht mehr abreissende Beunruhigung derer, die Geschichte machen. Der ins Vergessen «versenkte» Jesus wird von Gott zu einem Leben auferweckt, das sich uns vergesslichen Menschen und dieser gern vergessenden Welt hartnäckig entgegenstellt. Die Stimme dessen, der verstummte als «Lamm, das zur Schlachtbank geführt wird» (Jesaja 53,7), erhebt sich lauter als zuvor, nicht mehr nur in Jerusalem oder Galiläa, sondern weltweit verstärkt. Die Dämonie irrationaler Gewaltherrschaft wird durchkreuzt und durchbrochen vom Licht einer neuen Vernunft, die mehr ist als menschlicher Verstand, weil sie in Gottes leidenschaftlicher Liebe zu seinen Geschöpfen begründet ist. Dennoch ist sie *Vernunft*, weil Gottes Liebe auf neue Ordnung, neue Gerechtigkeit aus ist, in der die Entrechteten zu ihrem Recht, die Unfreien zu ihrer Freiheit, die Vergessenen zu ihrer Ehre – und die Toten zum Leben kommen! Das letztere ist uns, obwohl verheissen, unvorstellbar: Hier überholt Gottes Vernunft unseren Verstand, die Osterverheissung unsere Immer-noch-Karfreitagswelt! Begnügen wir uns mit der Feststellung, dass – wenn wir Ostern recht verstehen –, Gott die Getöteten vor allem, aber auch die Toten überhaupt, nicht zu vergessen gedenkt, wofür der auferweckte Jesus Bürge ist. Gottes konstruktive, Zukunft schaffende Vernunft lässt die Opfer der Unvernunft, die Getöteten und Toten nicht «versenkt» bleiben!

Sollte am Ende der Tod überhaupt Unvernunft sein? Christoph Blumhardt, denkwürdiger Zeuge des auferstandenen Christus, meinte es. Er rief die Christen auf, «Protestleute gegen den Tod» zu sein: «Ihr müsset zwar in den Tod hinein – ja, geht nur hinein, aber mit lauter Protest! Lebet und wehret euch und seid getrost! – es mag noch so viel auf euch kommen – protestiert gegen den Tod! Denn es ist ein Menschenrecht, dass du lebest ...»

Mit der Auferweckung Christi ging neues Licht (Zukunftslicht, Vernunftlicht) über dem finstern Pandämonium menschlicher Geschichte auf. Im Blick auf dieses Licht sollen wir «Protestleute» werden gegen Tod und so – im politischen Engagement – Protestleute gegen das Töten.

Subversive Ostern

1

Lassen wir für einmal die Geschehnisse von einem durchaus unzünftigen und scheinbar unberufenen Laien rekapitulieren: «Er hing am Kreuz, und als die Qualen zu gross wurden, rief er: ‹Mein Gott, warum hast du mich verlassen?› Dann wurde es dunkel, die Erde erbebte und spie die Toten aus, und der Himmel war voll von unheilverkündenden Vorzeichen. Dann kamen drei Tage und Nächte. Dann noch weitere vierzig Tage. Dann kamen Peter und Paul, die Apostelgeschichte, Hieronymus und Augustinus und nach vielen Monden Franziskus, der heilige Franziskus von Assisi. Dazwischen eine Lehre nach der anderen, eine Kirche nach der anderen, ein Kreuzzug nach dem anderen, eine Inquisition nach der anderen. Alles im Namen Jesu. Und dabei gibt es Leute, die glauben, er wolle noch einmal vom Himmel herunterklettern und sein Werk wiederholen. Und trotzdem kann es möglich sein, nach allem, was wir wissen.»

So schrieb Henry Miller in «Big Sur oder die Orangen des Hieronymus Bosch». Was seinen Text auszeichnet, ist die unzimperliche Direktheit, mit der er Geschichte zusammenfasst (ein wenig sorglos, ein wenig hopp-hopp: gewiss) und dann zur Frage an uns Heutige zuspitzt: Sollen wir noch mit ihm rechnen – mit ihm, dem Gekreuzigten?

Miller gibt keine Antwort. Er macht sich sanft lustig über jene, «die glauben, er (d. h. Jesus) wolle noch einmal vom Himmel herunterklettern und sein Werk wiederholen» – räumt aber sogleich ein: «Und trotzdem kann es möglich sein, nach allem, was wir wissen.»

2

Miller gibt keine Antwort. Er fragt nur, sehr undoktrinär, fast salopp. Fragt sich. Fragt uns: «Sollen wir noch mit ihm rechnen?»

Auf diese Frage antworten die neutestamentlichen Osterzeugnisse: «Seit seiner Kreuzigung ist mit dem Gekreuzigten erst recht und mehr denn je zu rechnen!» Denn: Der als Gotteslästerer Deklarierte ist Gottes Sohn, der Gekreuzigte ist der von Gott Erhöhte, der Getötete deshalb der unzerstörbar Lebendige und der Abgeschriebene, der Herr (wobei – man vergesse nicht – «Herr» eine Gottesbezeichnung ist)!

3

Und dennoch hat Miller nicht recht darin, dass er das Werk Jesu für gescheitert ansieht? So sehr gescheitert, dass Jesus, falls er wiederkommt, dieses Werk «wiederholen» muss?

Aber die Ostertexte sehen es anders. Freilich lügen auch sie das, was nach politischen und kirchenpolitischen Massstäben ein «gescheitertes Werk» genannt werden kann, nicht in einen «Erfolg» um. Und es stimmt sehr wohl: Botschaft und Lebenskonzeption Jesu sind bis heute nie zu einem breiten «Erfolg» geworden. Das Christentum zwar hat geschichtliche «Erfolge» aufzuweisen, zum Teil sehr fragwürdige. Aber Jesus? Wir dürfen Jesus und «Christentum» nicht miteinander identifizieren.

Was die Ostertexte fröhlich und radikal infrage stellen, sind die geltenden Massstäbe des «Erfolges». Diese Infragestellung drängt sich auf, weil Gott an Ostern sein Ja sagt zu dem von allen Verworfenen und «Erfolglosen», Ja sagt zu dem nach den geltenden Massstäben Gescheiterten und deshalb Gekreuzigten. Ostern entlarvt Gott als das schlechthin subversive Element in der Weltgeschichte bis zum heutigen Tag. Ostern desavouiert z. B. unsere Geschichtsschreibung, die sich einseitig mit den Siegreichen und Überlebenden beschäftigt, von den Unterlegenen, Ausgerotteten, Gescheiterten, Verstummten aber recht wenig weiss. Ohne Ostern hätte diese Geschichtsschreibung nachweislich auch von Jesus kaum Notiz genommen. Indem Gott an Ostern als Einziger und gegen alle andern für den Gekreuzigten optiert hat, optierte er auch gegen unsere Geschichtsschreibung und für jene Ausgerotteten, Unterlegenen, zum Schweigen Gebrachten, nach denen kein Hahn, kein Geschichtsschreiber und kein Communiqué kräht.

Gottes Ja zu dem von den politischen und kirchlichen Mächten Verurteilten und Gekreuzigten stellt diese herrschenden Mächte selbst und ihre Massstäbe infrage, ist offene Parteinahme – aber für wen? Zum Beispiel für jene Kriegsgefangenen, die in Vietnam nach der Vernehmungsmethode «Langer Schritt» einvernommen werden: «Mehrere Gefangene werden in einen Hubschrauber verfrachtet und in der Luft verhört. Verweigert der erste die Aussage, kippt man ihn hinaus und er stützt in den Tod.» (Augenzeugenbericht in den «Chicago Daily News», 6.12.1965)

4

Soll man mit ihm, mit Jesus noch rechnen? Nichts spricht dafür, dass man es tun soll. Nichts ausser: Ostern! Nichts ausser dem Ja Gottes zum Gekreuzigten! Vielleicht würde auch Jesus heute nicht mehr gekreuzigt, sondern direkt aus einem Hubschrauber gekippt. Das verursacht weniger Aufsehen. Der Fall wird über dem Dschungel in aller Stille erledigt.

Aber nun ist die Osterbotschaft die dezidierte Versicherung, dass es bei Gott keine erledigten Fälle gibt, mögen sie noch so diskret «liquidiert» werden. Beim Gott, der den Gekreuzigten vom Tod auferweckt hat, behalten die Stummen ihre Stimme, die Gefangenen ihre Ehre, die Verfolgten ihr Asyl, die Getöteten – das Leben! Das ist die Art der göttlichen Subversion. Sie stellt unsere Massstäbe von «Erfolg» und «Herrschaft» radikal infrage. Übrigens auch unsere Vorstellung von der «Herrschaft Gottes», die wir uns nach dem Massstab irdisch-menschlicher Herrschaft zu machen pflegen. Vielleicht müsste man sagen:

nach diesem uns gewohnten Massstab «herrscht» und «regiert» Gott gar nicht! Sicher ist nach dem Osterzeugnis der Schrift nur eines, dass Gott diese uns gewohnten Massstäbe und Urteile weitgehend desavouiert und unsere Herrschaftsreformen leise und dauernd untergräbt. Gottes hartnäckige, stille Subversion ist für den Osterglauben *die* grosse Verheissung: Verheissung einer Zukunft, in der neue Massstäbe und Herrschaftsformen gelten werden. Diejenigen des Gekreuzigten, der alle gegen sich, aber Gott für sich hatte!

Henry Miller irrt: Jesus braucht, wenn er wiederkommt, sein Werk nicht zu wiederholen. Das Werk ist begonnen. Was noch aussteht ist seine Vollendung, ist der Triumph der österlichen Subversion, die Umwertung aller Werte, die – wie das Ostergeschehen beglaubigt – bei Gott beschlossene Sache ist.

Tag der Arbeit

Arbeit

In der Vorstellungswelt der sumerischen Religion beaufsichtigten die oberen Götter die Arbeit der unteren Götter, die «den Tragkorb», d. h. die schweren Lasten, schleppen mussten. Eines Tages jedoch rebellierten die arbeitenden gegen die nicht-arbeitenden Götter. Worauf die Götterversammlung zur Entlastung der unteren Götter eine Lösung suchte und auch fand – durch die Erschaffung der Menschen! Ihnen wurde nunmehr der «Tragkorb» aufgebürdet. Bald aber machten's die Menschen den Göttern nach und delegierten die schwere Arbeit ihrerseits nach unten. Im Patriarchat wurde sie den Frauen auferlegt; nach der Etablierung der Sklaverei den Sklavinnen und Sklaven; in den Feudalgesellschaften den Leibeigenen; in der kapitalistischen Gesellschaft den Arbeiterinnen und Arbeitern; im Spätkapitalismus den (doppelt entfremdeten) Fremdarbeitern; in der globalen Marktwirtschaft den Billiglohnarbeitern der Dritten Welt.

Im Althochdeutschen bedeutete «Arbeit»: Mühsal, Plage, Beschwerde, Leid. Das spanische «trabajo», das portugiesische «trabalho» leiten sich vom «tripalium» ab, einem Folterwerkzeug mit drei Stöcken, mit dem Sklaven «bearbeitet» wurden. Auch das altfranzösische «travail» bedeutete ursprünglich «Folter».

«Wer nicht arbeitet, soll auch nicht essen.» (2. Thessalonicherbrief 3,10) Ein biblischer Satz, einst sogar in einer Verfassung der atheistischen Sowjetunion zitiert. In der Realität sah's meist anders aus:

> Wer nicht arbeitet, soll auch nicht essen.
> Wer nicht arbeitet, soll speisen.
> Wer aber gar nichts tut, der darf tafeln.
> (Peter Hille)

Immer schon ging's also darum, mühsame und schwere Arbeiten durch andere verrichten zu lassen, um sich selber angenehmeren Tätigkeiten zu widmen. Wer aber übernimmt jene Arbeiten, die niemand gerne ausführt, die aber dennoch getan werden müssen? Wem werden sie auferlegt? Die Beantwortung dieser Frage entscheidet mit über die Humanität einer Gesellschaft.

Die spätkapitalistische Sprachregelung scheut den Begriff «Arbeit», zieht die abstraktere «Leistung» vor. Übrig aber bleibt die Vokabel «arbeitslos». Mit subversiver List scheint die Sprache so festhalten zu wollen, dass mehr Leistung beim heutigen Stand der Technik nicht mehr Arbeit, sondern mehr Arbeitslose produziert.

Das Gerede von «Leistungsträgern» beleidigt die Möbelträger, die Briefträger, die Gepäckträger.

Oft auch ist Leistungsideologie nur ein Alibi, um sich im persönlichen und sozialen Bereich dem Anspruch der Nächsten zu entziehen.

Weil es nur *bezahlte* Leistungen berücksichtigt, ist das Bruttosozialprodukt entweder nicht sozial oder es hält die Fülle unbezahlter Arbeiten (in Familie, Erziehung, politischer Partizipation, Fürsorge, Krankenpflege) für ökonomisch irrelevant. Ohne unbezahlte Leistungen jedoch wäre die Leistungsgesellschaft nicht mehr leistungsfähig. Zu schweigen von den unauffälligen, aber unverzichtbaren Leistungen der Tiere, der Pflanzen!

Religion des Marktes

1

Die derzeit weltumspannendste Religion ist die Religion des Marktes. An die Stelle des Vertrauens auf eine lenkende «Hand» Gottes setzt sie den Glauben an die alles zum Besten lenkende «Hand» des Marktes. Providentia mercati anstatt Providentia Dei.

Das Dogma von der jederzeitigen und weltweiten Unfehlbarkeit der sogenannten Marktkräfte geht viel weiter als das Dogma von der päpstlichen Unfehlbarkeit, das sich auf relativ wenige Lehrentscheidungen beschränkt.

Ununterbrochen flimmerte am 1. Januar 1993 im französischen Fernsehen unter den wechselnden Bildern von Jubelmanifestationen in westeuropäischen Hauptstädten die neue Froh- und Weihnachtsbotschaft: «Il est né, le divin marché», geboren ist der göttliche Markt! Es war der Tag, an dem die Vereinbarungen über den europäischen Binnenmarkt in Kraft gesetzt wurden. Französische Ironie?

Bereits vor 200 Jahren huldigte Paris einer neuen Göttin, der Göttin Vernunft. Allegorische Darstellungen feierten sie als wunderschöne Frau. Der Gott oder Götze Markt lässt sich bildlich so wenig darstellen wie der jüdische, christliche, islamische Gott.

Die zehn Gebote der Markt-Religion
1. Ich, der Markt, bin dein Herr und Gebieter. Du darfst auch andere Götter neben mir haben, doch sollst du mir allein mit dem ganzen Fleiss deines Lebens dienen.
2. Du sollst dir kein Bild von mir machen, mich nicht durchschauen wollen.
3. Du sollst nicht respektlos von mir reden, denn ich, dein Herr, bin ein eifersüchtiger Gott, der seine Missachtung heimsucht auch an Kindern und Erben, der Gehorsam und Verehrung aber vergilt mit Wohlstand und Reichtum.

4. Sechs Tage sollst du meine Geschäfte betreiben, am siebenten Tag aber überlegen, wie sie noch besser betrieben werden könnten.
5. Du sollst Vater Kapital und Mutter Rendite ehren, auf dass du lange lebest inmitten der Immobilien und Wertpapiere, die der Markt, dein Herr, dir gibt.
6. Du sollst nicht töten, sondern, wo immer Markteroberungen verhindert oder Marktpositionen bedroht werden, das Töten dem Hunger, dem Militär und den Todesschwadronen überlassen.
7. Du sollst die Ehe mit dem Kapitalismus nicht brechen.
8. Du sollst nicht stehlen, wenn legale Mittel das gleiche Ziel zu erreichen erlauben.
9. Du sollst kein falsches Zeugnis reden wider Konkurrenten, die sich gute Advokaten leisten können.
10. Du sollst nicht begehren, was dein Nächster hat, solange die Banken dir Kredit geben.

2

Es lebe der Markt! Nichts Schöneres, nichts für alle Beteiligten Nützlicheres als, auf Dorf- oder Stadtplätzen, ein Markt, ein richtiger! Allein, mit ihm hat die sozialdarwinistische Markttheorie wenig mehr zu tun. Marktfahrer, Marktfrauen denken z. B. nicht daran, stets neue Marktanteile und schliesslich den Markt insgesamt zu «erobern», zu monopolisieren. Supermärkte sind Schein-Märkte. Ein Schein-Markt auch der sogenannte Weltmarkt, der bislang vor allem eine Ideologie ist zur Rechtfertigung der wirtschaftlichen Eroberungs- und Beutezüge der Industrienationen.

Nicht der Markt, wie es ihn seit jeher gab, ist inhuman, wohl aber die heutige Markt-Religion, die das weltweite Anwachsen der Armut mühelos mit ihrem Ethos zu vereinbaren weiss. Fast überall werden im Namen des Marktes die sozialen Gefüge destabilisiert.

Für Mittellose bleibt auf kleinen Dorf- oder Stadtmärkten nach Marktschluss meist etwas übrig. Nicht so auf dem grossen Weltmarkt. Für ihn sind Mittellose, gar Hungernde inexistent, weil sie zwar Bedürfnisse, nicht aber Geld haben, um ihre Bedürfnisse in Nachfrage umzusetzen. So bleiben sie vom Nachfrage-Angebot-Spiel ausgeschlossen. Überschüsse an Nahrungsmitteln werden vernichtet, nicht verteilt. Mögen doch bitte die Staaten für die Arbeits- und Mittellosen aufkommen, sagt der grosse Markt, um gleichzeitig von denselben Staaten zu fordern: Herunter mit den Steuern! Herunter mit den Sozialausgaben. Die Kehrseite des Weltmarktes: Arbeitslosigkeit, Verarmung, Hunger. Weshalb ein hoher Wirtschaftsfunktionär einräumen musste: «Wir sind auf dem falschen Weg. Aber es gibt keinen anderen.» Marktgötterdämmerung?

3

Für die Behauptung, der Markt werde eines Tages die von ihm mitbewirkten Zerstörungen ökologisch korrigieren und wiedergutmachen, gibt es bisher keine Beweise, aber jede Menge Gegenbeweise.

Weltmarkt heisst u. a.: Es wird dort produziert, wo die Löhne, die Produktionskosten am niedrigsten sind. Dadurch nehmen querweltein die Gütertransporte zu, beschleunigt sich die Zerstörung natürlicher Lebensgrundlagen noch mehr.

Man braucht kein Prophet zu sein, um zu erkennen, dass der Markt als Religion, als absolut gesetztes Prinzip, scheitern wird, wohl auch bereits im Begriff ist, zu scheitern
– an der wachsenden Armut in der Welt,
– an den ökologischen Katastrophen.

Erst nach dem Ende der Marktreligion wird eine Marktwirtschaft möglich sein, die sinnvoll und human funktionieren kann, weil ihr von den Völkern soziale und regionale Grenzen gezogen werden.

Muttertag

Ist Gott weiblich?

Ihr wisst, ich halte nichts vom Muttertag, habe ihn bisher mit Schweigen übergangen, tu's, genau besehen, auch diesmal, schlage aber vor, bei dieser zweifelhaften Gelegenheit die zweifellos hochwichtige Frage unserer Gottesvorstellungen zu bedenken.

Ich glaube nämlich, dass, so wie wir's zu verstehen gewohnt sind, das Gebot «Du sollst dir kein Gottesbild machen» bereits ein solches Bild enthält, das Bild eines männlichen Gottes.

Nach dem Wortlaut müsste es nicht so sein. Das hebräische Wort für «Gottesbild» meint ein aus Stein gehauenes, aus Ton geformtes oder aus Holz geschnitztes Bild, das sowohl einen Gott wie eine Göttin darstellen konnte.

Doch uns geht's jetzt nicht um ein modelliertes oder geschnitztes Gottesbild, sondern um eines, das in unserem Geist und Gemüt vorhanden ist, geformt durch jahrhundertelange Überlieferung. Und dieses Gottesbild hat eindeutig einseitig männliche Züge. Damit verstossen wir gegen das Bildverbot und tun, was Paulus einst den Heiden vorgeworfen hat: «Sie vertauschen die Erhabenheit des unvergänglichen Gottes mit Bild und Gestalt von vergänglichen Menschen.» (Römer 1,23)

Vermutlich wissen wir zwar, dass Gott weder männlich noch weiblich noch irgendein fades Neutrum ist. Doch leider können unsere Sprachen dem nicht gerecht werden. Bekanntlich muss jedes Hauptwort entweder männlich, weiblich oder sächlich sein – eine andere Möglichkeit gibt es nicht. Die Sprache schreibt vor, dass Gott ein Hauptwort und dass ein Hauptwort eben männlich, weiblich oder sächlich zu sein hat.

Unsere Sprache ist nicht die Sprache Gottes, sondern die Sprache von Menschen, die der Schöpfer von Anfang an entweder als Mann oder als Frau geschaffen hat. Darum wird in dieser Sprache alles, kurioserweise auch der Tisch, die Lampe, und so eben auch Gott, gezwungen, entweder männlich oder weiblich, sonst halt sächlich zu sein.

Das Hebräische ist dieser Schwierigkeit mit einer eleganten Sprachlist zunächst ausgewichen. Gott hiess hier «Elohim». Das ist eigentlich eine Mehrzahl, bedeutet also «Götter» und/oder «Göttinnen», beides zugleich. Keck und kühn wurde dieses Mehrzahlwort, das alles offen lässt, in eine Einzahl verwandelt. Die Israeliten waren ja Pioniere des Ein-Gott-Glaubens, konnten und wollten von Gott deshalb nur in der Einzahl sprechen. Dass sie dabei trotzdem die offene Mehrzahlform beibehielten, verrät ihr Gespür dafür, dass der *eine* Gott weder auf Männlichkeit noch auf Weiblichkeit festgelegt werden kann, dass er ebenso weibliche wie männliche Kräfte enthalten muss: Daran erinnert auch der Satz aus der Schöpfungssage, Gott habe den Menschen zu seinem Bild geschaffen – «als Mann und Frau schuf er sie» (1. Mose 1,27). Nicht der Mann allein, nicht die Frau allein, sondern Mann und Frau miteinander sind Gottes Bild. Was besagt: In Gott ist das Männliche und das Weibliche gleichermassen gegenwärtig.

Dennoch ist Gott dann einseitig vermännlicht worden, wurde «der» Gott, «der» Herr (nicht, nie: Herrin), «der» König (nicht, nie: Königin). Die Warnung des 2. Gebotes wurde überspielt von der Denk- und Sprechweise einer Gesellschaft, die konsequent und grimmig männerrechtlich organisiert war. Weil auf Erden der Mann regierte, dachte man automatisch, im Himmel regiere ebenfalls ein Mann, ein Super-Mann. Der Mann schuf sich Gott nach seinem Bilde.

Das hatte Folgen.

Die oft harten, grausamen, kriegerischen Züge, die die Christenheit entwickelt hat, von den Kreuzzügen über Inquisition, Hexenverfolgungen bis zum Genozid an den Indianern, bis zur «christlichen» Bombe (so nannte man in Japan die Atombombe), hängen mit der einseitig männlich-rigorosen Gottesvorstellung ebenso zusammen wie die Ethik von Gehorsam, Unterwerfung, Pflicht, Leistung. Mit dem Evangelium Jesu hat das alles nichts zu tun.

Es stimmt nicht, dass es egal ist, nach welcher Façon man sich Gott vorstellt. So wie man von Gott denkt, so handelt man auch. Darum hat Jesus ein Umdenken, Neudenken gefordert, die Metanoia. Sie mit «Busse tun» zu übersetzen, verrät auch schon wieder jene Unterwerfungs- und Gehorsamsethik, die für das patriarchale Gottesverständnis typisch geworden ist. Nötig und von Jesus gefordert ist die Wandlung und Veränderung unseres Denkens, damit auch unser Tun ein anderes wird. Zu dieser Sinnesänderung gehört ebenfalls die Abkehr vom himmlischen Supermann, der nicht Gott, sondern ein Gottesgötze ist, in dem sich die Vorherrschaft der Männer widerspiegelt.

Und Jesus? Ein Mann auch er!

Ja, es konnte nicht anders sein. Zu seiner Zeit durften jüdische Frauen nicht einmal aktiv am Gottesdienst teilnehmen, geschweige sonstwo öffentlich reden. Das Mann-Sein gehörte sozusagen zur Knechts- und Sklavengestalt des menschgewordenen Wortes, ist also seiner Selbstentäusserung (Philipper 2,5 ff.), nicht aber seiner Erhöhung und seinem Triumph zuzurechnen. Anzunehmen, dass der Erhöhte und Wiederkommende wiederum ein «Er» sein wird, ist vorgeprägtes Gewohnheitsdenken. Warum sollte es nicht vielleicht eine «Sie» oder, besser noch, eine «Sie und Er» sein?

Gewagte Gedanken, zu gewagte – mag sein. Aber schon immer hat man in den Kirchen versucht, die einseitig maskuline Gottesvorstellung zu verweiblichen. So etwa sind im Lauf der Zeit, wie die Kunstgeschichte zeigt, die Engel aus jungen Männern zu jungen Frauen geworden. So etwa haben die Ostkirchen die göttliche Weisheit, die Sophia, schon immer als eine weibliche Manifestation Gottes verehrt, womit sie unter anderem daran erinnern, dass der Geist Gottes im alttestamentlichen Hebräisch ebenfalls weiblich war. Und der römische Katholizismus hat, wir wissen's, Maria als sogenannte «Mutter Gottes» mit immer mehr göttlichen Eigenschaften ausgestattet, bis aus der Mutter Gottes fast schon eine Muttergöttin geworden ist.

Für den evangelischen Glauben dagegen ist und bleibt «Gnade» das zentrale Wort. Allerdings hat man sich auch die Gnade oft vorgestellt als den Gnadenakt eines Monarchen und Patriarchen, eine Art Amnestie, zu der sich der allmächtige Herrscher herablässt. Im übrigen aber gelten Zucht, Ordnung, Strenge, Gehorsam.

Der ursprüngliche Sinn des Wortes «Gnade», im Griechischen «charis», lateinisch «gratia», meint jedoch: Anmut, Grazie, Anziehungskraft, göttlicher Charme sozusagen. Nicht zufällig bedeutet das französische «grâce» beides: sowohl Gnade wie Anmut, Anziehungskraft. Mit der Gnade werden Gott im Grunde Eigenschaften zugeschrieben, die üblicherweise eher als weiblich gelten. Gottes Gnade ist nicht der herablassende Gnadenakt eines rigorosen Herrschers, sondern die Anziehungskraft der göttlichen Liebe.

Nichts wäre jedoch verkehrter, als den männlichen Gottesgötzen durch einen weiblichen zu ersetzen! Notwendig, zu unserem Heil notwendig ist es, grösser von Gott zu denken. Zu seiner Grösse gehört, dass er weder nur männlich noch nur weiblich ist und dass in ihm weder das Männliche über das Weibliche noch das Weibliche über das Männliche regiert. Hier ist nicht Dominanz des einen über das andere, sondern Konkordanz vielleicht im Sinne eines «Zusammenfalls der Gegensätze» (Nikolaus von Kues), noch eher wohl im Sinne eines dialogischen Zusammenspiels der Gegensätze.

Wie auch immer: Gott ist nicht Mann, Gott ist nicht Frau, Gott ist Liebe (1. Johannes 4,8.16). Und Liebe heisst: Zusammenspiel. Füreinander. Miteinander.

Gott ist auch darin grösser, dass er uns voraus ist, dass er längst lebt, was wir erst anstreben, was wir erst lernen müssen, damit jene Ganzheit sich entfalten kann, welche biblisch «Schalom» heisst, Frieden. Sinnvoller als ein Muttertag wäre darum ein alljährlicher Schalom- oder Friedenstag.

Gedanken zur Weiblichkeit Gottes

1. Was heisst «weiblich»? Und was «männlich»? Ich weiss es nicht. Denen, die behaupten, sie wüssten's, traue ich nicht. Auch glaube ich, dass es keine Nur-Männer und keine Nur-Frauen gibt. Reine Männlichkeit ist genauso ein Phantom wie reine Weiblichkeit. Auch Gott muss sowohl weiblich wie männlich sein, weil Mann und Frau zusammen sein Bild sind (1. Mose 1,27).
2. Tatsache ist aber, dass wir das zweite Gebot: «Du sollst dir kein Bildnis machen» (2. Mose 20,4) in einem fort übertreten, indem wir aus Gott einen Mann, einen Vater, einen Herrn machen. Die Bibel selbst geht darin voran. Sie ist eben auch ein Dokument der patriarchalen Epoche, von Männern geschrieben. In ihr spiegelt sich eine männerrechtlich organisierte Gesellschaft. In diesem Punkt ist die Bibel genauso zeitbedingt wie zum Beispiel in ihren Vorstellungen von der Weltentstehung.

Ich glaube, zur Selbstentäusserung Gottes, zur «Knechtgestalt» von Christus (Philipper 2,7) gehört auch der Anpassungszwang an das Patriarchat, an die absolute Männerherrschaft zur Zeit Jesu. Gottes Wortführer hat keine Wortführerin sein können, weil damals eine Frau nicht öffentlich das Wort hat ergreifen, das Wort hat führen dürfen, erst recht nicht in der Synagoge. Es hat also ein Mann, hat ein Sohn sein müssen – aber gerade dieses Muss, dieser Zwang ist auch schon eine Einschränkung, eine Verstümmelung Gottes gewesen, ein Stück Passion. Und die Passion hat dann ja konkret auch so ausgesehen: Jesus ist voll hineingeraten in eine ausschliesslich männliche und patriarchalische Macht- und Justizmühle.

Ist es Zufall, dass demgegenüber die ersten Zeugen und Botschafter der Auferstehung Christi Frauen gewesen sind?

Ich möchte nicht behaupten, die Passionsgeschichte sei männlich, die Osterereignisse seien eher weiblich gewesen. Immerhin aber zeigen die Passionsgeschichten eine Macht am Werke, für welche die Tötung von Unbotmässigen das entscheidende Argument und Machtmittel ist. Und historisch ist es nun einmal die patriarchalische Gesellschaft, welche ihre Macht aufgebaut hat auf der Macht zu töten – und die sich dementsprechend entwickelt hat bis zur heutigen Gesellschaft des Overkills. Hätte diese Entwicklung in einer matriarchalen Gesellschaft nicht stattfinden können? Ich weiss es nicht, niemand weiss es. Über das Matriarchat haben wir zu wenig genaue Nachrichten, es gibt bloss Vermutungen und Spekulationen.

3. Vielleicht könnte man so sagen: Die Passionsgeschichte demonstriert eine Macht (und das war faktisch Männer-Macht), die hierarchisch ist, das heisst, sie geht von oben nach unten, Herrschende verfügen über Beherrschte. Ostern hingegen zeigt Gott als antihierarchische Macht, zeigt ihn als Aufstand gegen die religiöse und politische Hierarchie, zeigt ihn als Bewegung von unten nach oben, wobei «unten» sowohl ein soziales Unten wie ein existentielles Unten, nämlich Tod, bedeutet. Dieses «Unten» repräsentieren auch die Frauen am Ostermorgen. Rechtlich und religiös sind Frauen unmündig gewesen damals, also immer «unter» der Vormundschaft von Vätern, Brüdern, Gatten.

Man könnte auch sagen: Die Passion demonstriert eine Macht, die ihrem Wesen nach Unterwerfung ist, wenn nötig bis zur Tötung. Ostern hingegen zeigt Gott als eine Macht, die nicht unterwirft, sondern aufstellt, die nicht tötet, sondern lebendig macht. Auf jeden Fall sind die beiden Formen von Macht so verschieden wie Gewalt und Gewaltlosigkeit, wie Tod und Leben.

Die eine Macht will Situationen und Menschen in ihren Griff bekommen. Die andere Macht löst, erlöst, macht frei; dem entspricht nicht der Gestus von Griff und Zugriff, sondern derjenige der Berührung. In den Ostertexten spielt das Anrühren und Berühren eine gewisse Rolle (Lukas 24,39; Johannes 20,77; 25ff.). Griff und Zugriff signalisieren Herrschaft und Gewalt. Nicht zufällig gehört auch das Wort «Angriff» in diese Wortgruppe. Berühren dagegen signalisiert Gewaltlosigkeit, Liebe, Kommunikation.

«Etwas in den Griff bekommen», diese beliebte Redensart verrät ein traditionelles, darum wohl auch einseitig maskulines Machtverständnis. Ich möchte nicht sagen, dass das österliche Wort «berühren» demgegenüber weiblich ist. Es ist mehr, es ist ein Ausdruck für Kontakt, für Gemeinschaft, für Sympathie und Solidarität zwischen Menschen, auch zwischen Männern und Frauen. «Berühren» hat dann ja auch noch eine übertragene, gefühlshafte Bedeutung: Das Leben, das Leiden, aber auch die Freude der anderen «berührt mich», ist mir also nicht gleichgültig wie demjenigen, der die Dinge und Menschen in seinen Griff bekommen will.

4. Auch in der Kirche gibt es das Machtverständnis, das die Dinge in den Griff bekommen will, um sie im Griff zu haben. Ein traditionell männliches Machtverständnis also. Seitdem die Kirchen gesellschaftlich an Bedeutung und Einfluss verloren haben, sind allerdings auch Frauen in kirchliche Leitungsgremien aufgerückt. Scheinbar grosszügig kann man sie in diesem gesellschaftlichen Nebenbereich mitmachen lassen. Die Spielregeln bleiben meistens aber doch männlich. Die theologischen Fakultäten, also die Kirchlichen Ausbildungs- und Denkzentren, sind nach wie vor fest in Männerhand, demonstrieren damit die Herrschaft des männlichen Denkens in der Kirche.

Was ist Kirche, vom Neuen Testament her gesehen? Sie ist, sagt Paulus, der Leib, der Körper Christi (Römer 12,5; 1. Korinther 10,17; 12,1,2ff.). Ein Körper lebt, atmet, bewegt sich. Das ist seine Macht. Einen Körper «in den Griff» bekommen, «im Griff» haben, das bedeutet Behinderung, Entmächtigung. Man denkt dabei sofort an Polizei, Verhaftung, Fesselung. Insofern verträgt der Körper Christi, also die Kirche, keine Behörden, die ihn «im Griff» haben. Dieser Griff würde bald zum Würgegriff.

5. «Etwas in den Griff bekommen.» So denkt, so spricht, wer oben sein will, wer sich etwas unterwerfen, etwas dienstbar machen will. Er will herrschen, beherrschen. «Herrschen» kommt von «Herr». Es scheint also um eine charakteristisch männliche Art der Machtausübung zu gehen.

Nun nennen wir auch Gott, auch Christus «Herr». Trotzdem glaube ich, dass Gottes Herrschaft ebenso Frauschaft ist, ein Zusammenspiel von Herrschaft und Frauschaft. Doch was heisst das? Es heisst theologisch zum Beispiel: Gott ist nicht «der Allmächtige», er ist nicht derjenige, der alles im Griff hat. Karl Barth hat gesagt: «... der ‹Allmächtige› ist böse, wie ‹Macht an sich› böse ist. Der ‹Allmächtige›, das ist das Chaos, das Übel, das ist der Teufel.» (Dogmatik im Grundriss, 1947, S. 54)

Warum das? Wenn Gott alles von oben herab im Griff hätte, dann müsste er auch der Urheber von Auschwitz, von Hiroshima und Kambodscha sein und der Urheber eines eventuellen atomaren Holocausts. Aber solche Ereignisse haben denn doch mehr mit dem Teufel als mit Gott zu tun. Die feministische Theologie sagt: Die Vorstellung eines «Allmächtigen» ist ein Produkt der männlichen Machttradition und ein männliches Wunschbild, das Wunschbild eines Supermannes, der alles im Griff hat, der totale Herrschaft ist.

Was würde demgegenüber «Frauschaft» bedeuten? Ich weiss es nicht. Das weiss noch niemand. Als Komplementärbegriff zu «Herrschaft» signalisiert «Frauschaft» einfach einmal eine Form von Machtverständnis und Machtausübung, die gottebenbildlicher, darum auch humaner und weltfreundlicher wäre als die einseitig maskuline «Herrschaft», welche die Welt so fest in ihren Griff bekommen hat, dass diese jetzt nahe daran ist, erstickt zu werden.

6. Jesus spricht von der Macht Gottes in Gleichnissen vom Säen, Wachsen, Ernten (z. B. Matthäus 13). *Gottes* Macht ist gewaltlose Lebensmacht, Wachstumsmacht. Sie organisiert nicht von oben herab, sie wächst von unten herauf. Sie unterwirft nicht, sie entfaltet. Sie hat nicht im Griff, sie macht lebendig und setzt sich dem Risiko und dem Widerspruch des Lebendigen aus. Gott ist kein Macher, er ist der Schöpfer, der creator; seine Macht ist kreativ. Und das, glaube ich, hängt damit zusammen, dass er sowohl weiblich wie männlich ist. Auch bei uns Menschen werden einseitige Nur-Männer oder einseitige Nur-Frauen kaum kreativ. Es ist eine psychologische Binsen-

weisheit, dass ein Mann desto kreativer wird, je mehr sich seine weibliche Seite entfaltet, und eine Frau desto kreativer, je mehr sie auch ihre männliche Seite entdecken kann. Darin spiegelt sich das weiblich-männliche Geheimnis der ursprünglichen Kreativität Gottes.

Das ist ein Hinweis darauf, dass menschliche Macht nur dann kreativ anstatt zerstörerisch wird, wenn sie aufhört, nach rein männlichen Vorstellungen zu funktionieren – wenn sie also anfängt, ebenso weiblich wie männlich zu werden. Damit will ich «das Weibliche» nicht idealisieren. Doch wenn man sieht, wohin uns die einseitige Männermacht, die Männerbünde in Armee, Polizei, Finanz und Wirtschaft und auch immer noch in Politik und Kirche, gebracht haben, dann gibt es ja gar keine andere Alternative als die Verweiblichung der Macht, als die gleichgewichtige Beteiligung der Frauen an der Macht – auch in den Kirchen.

7. Was also tun? Zuerst müssen wir einsehen, dass ein anderes Handeln mit einem anderen Reden anfing. Ich gebe zu: Ich selber getraue mich selten, wechselweise die Wörter «Gott» und «Göttin» zu verwenden. Die Hemmschwelle ist da bei einem Bibelausleger wahrscheinlich noch zu hoch. Vielleicht gelingt Frauen so etwas eher. Bei mir langt's erst zu Gebetsformulierungen wie etwa: «Unser Vater, der du auch unsere Mutter bist» oder «Du, Herr, anders als andere Herren, mit dem wir reden können wie mit einem Freund oder einer Freundin» und so fort. Ich möchte sagen: Probiert es selber, probiert es besser! Mich wundert, dass Frauen in Gottesdiensten, die sie selber gestalten, sich noch allzu ängstlich an maskuline Gottesanreden halten, die eben auch ein maskulines Gottesbild verraten, das offenbar tief verinnerlicht worden ist. Auch die Liturgien beten ausschliesslich einen Mann-Gott an, reproduzieren damit noch einmal rein männliche Machtvorstellungen. Dasselbe gilt von den Kirchengesangbüchern. Aber das Neue kommt auch hier von unten, nicht von oben. Unten das sind Wir! Wir machen neue Erfahrungen mit Gott, uns dämmern neue Perspektiven, neue Erkenntnisse. Das ist heute auf vie-

len Gebieten der Fall, zum Beispiel in der Friedensfrage, in der ökologischen Frage, in politischen Fragen. Unter dem Druck von schon eingetretenen oder noch möglichen Katastrophen entpuppt sich das bürgerliche Gottesbild, das immer auch ein männliches war, als ein Götze, der sich jetzt auflöst und zerfällt. Die trotzdem hoffnungsvollen Bewegungen in der Kirche werden angetrieben vom Glauben an einen anderen, grösseren Gott. Und dazu gehört auch die Ahnung einer Universalität und Ganzheitlichkeit, die gleicherweise das Weibliche wie das Männliche umfasst. Nur eben: Diese Ahnung muss sich nach und nach erst einmal in der Sprache unserer Gebete, unseres Redens ausdrücken können. Dazu gehört noch vieles, zum Beispiel die Frage: Warum reden wir immer nur von Jesus und seinen Jüngern? Dabei hat er durchaus auch Jüngerinnen gehabt (Lukas 8,1–3)!

Sicher, die männliche Textredaktion des Neuen Testaments hat das weitgehend verdrängt, vielleicht weil diese Jüngerinnen für jüdische Zeitgenossen ein Ärgernis und ein Anstoss waren. So kommen sie nur ganz am Rande vor, werden fast verschämt und nur beiläufig erwähnt. Wer kennt die Namen dieser Jüngerinnen? Wo ist neben all unseren Petrus-, Paulus-, Lukas-, Matthäuskirchen eine Susannen- oder Johannakirche? Das Sprachproblem geht eben bis in solche Dinge hinein. Dafür müssen wir sensibel werden, sensibel und kritisch. Wir müssen anfangen, unser eigenes Reden zu prüfen und aufmerksam zu werden für den Widerspruch zwischen dem, was wir erfahren und glauben, und dem, was wir sagen. Nur so werden wir subversiv handeln lernen gegen die lebensfeindlichen Machtformen.

Pfingsten

Heilige Geistin?

Im alttestamentlichen Hebräisch ist «Geist Gottes» (d. h. Gott in seinem je heutigen Handeln, Realisieren) ein weibliches Wort. Auf dem Wege von Osten nach Westen, aus dem Semitischen in die europäischen Sprachen hat es eine Geschlechtsumwandlung durchgemacht. Die Vermännlichung auch seines Geistes verzerrte den europäischen Gott ins einseitig Maskuline. Könnte das mit ein Grund dafür sein, dass der Heilige Geist sich im Bewusstsein so vieler europäischer Christen immer mehr verflüchtigt hat? Wie denn überhaupt ein universaler Gott, dem einzig noch männliche Züge und Eigenschaften zugestanden werden, gerade dadurch aufhört, universal und überhaupt realitätsbezogen zu sein. Könnte sich langfristig etwas ändern, falls wir begönnen, von der heiligen Geistin zu sprechen?

Frau Weisheit

Der urbane Verfasser des alttestamentlichen Buches «Sprüche» scheut sich nicht, dem Weltenschöpfer in Gestalt von *Frau* Weisheit eine Gespielin zuzugesellen, «von Anbeginn an, vor dem Ursprung der Welt» (8,23). Den männlich gedachten «Herrn» ergänzt sie mit ihrer emotionalen Spontaneität und Spielfreude. Sie «war lauter Entzücken Tag für Tag und spielte vor ihm allezeit», hatte ihr «Ergötzen an den Menschenkindern» (8,30/31). Gewiss: traditionelle, höfische Rollenverteilung auch hier. Und doch wurde ein kühner Versuch gewagt, das einseitig männliche Gottesbild zu erweitern. Ostkirchliche Lehre und Mystik tat gut daran, hier anzuknüpfen und «Frau» Sophia in ihre dogmatische und liturgische Tradition aufzunehmen.

Pfingsten

Und wiederum Pfingsten –
Es brauset sehr!
Nein, nicht der Geist, es ist
der Ausflugsverkehr.

Was aber, was macht
der Heilige Geist?
Er weint, und er lacht,
er klagt, und er preist.

In der Kirche indes,
der halbvollen, halbleeren,
ist der Pfarrer bestrebt,
dies zu erklären.

Heiliger Geist

1
Heiliger Geist?
Kein römischer Brunnen,
wo Wasser sich
über Stufen und Schalen
hierarchisch
von oben nach unten
ergiessen.

Heiliger Geist:
Quellen,
aufstossend, aufbrechend
von unten
(an der Basis, ja!),
unauffällig, heimlich zunächst,
erzwingbar nie.

Und jener weise Pfarrer,
der sagte: Meine Arbeit?
Die eines Rutengängers,
der die Gemeinde durchstreift,
nach Quellen suchend,
die ohne mein Zutun sprudeln,
über deren Fassung, Nutzung
wir allenfalls dann
miteinander beraten.

Sogleich aber fügte
der Pfarrer hinzu
(weil er tatsächlich weise war):
«Fassen», «nutzen» –
hilfloser, untauglicher Wortkram!

Aufsprudelt der Geist
wo und auch wie er will
und hält sich nicht
an Amt und Struktur –
dabeisein ist alles.

2

Dabeisein, ja,
wenn da,
wenn dort
von untenauf
Quellen springen,
Leben sich rührt.

Dabeisein, ja,
wenn die gesellige Gottheit
zu raunen,
zu reden,
zu wirken beginnt.

Dabeisein, ja,
wenn ihr Geist
Durst nach Gerechtigkeit wirkt,
Mut macht zu eigenem Handeln
und neue Geselligkeit stiftet
z.B. mit Flüchtlingen, Verfolgten.

Dabeisein, ja:
nicht beiseite treten,
nicht weglaufen,
der Angst nicht nachgeben,
kein Hindernis werden,
offen bleiben –
«Den Geist dämpfet nicht!» (1. THESSALONICHER 5,19)

pfingsten: bitte um den heiligen geist

nähme er alles für bare münze
was christen von ihm fabulieren
theologen von ihm behaupten
– längst wäre wohl jesus
irre geworden an sich

ob er vielleicht deswegen
sich auch schon mit andern besprach
mit buddha oder mohammed z. b.
und diese ihn zu trösten vermochten
weils ihnen wenig besser erging?

o dass er doch unsere köpfe durchlüfte
mit seinem österlich weckenden atem
mit gottes heilig-nüchternem geist
(wer weiss: zur freude selbst
von buddha oder mohammed?)!

Pfingsten

Im Pfingstgeschehen schäumte die dreieinige Gottheit, wenn man so sagen darf, über. Sie teilte, verteilte sich:
... lieber
als einsamer Herr zu sein
fliesst sie über
in Menschen hinein.

Dreieinigkeit

Die wohl genialste Leistung christlicher Theologie ist die Lehre von Gottes Dreieinigkeit. Mit ihr wurde den gängigen Vorstellungen vom himmlischen Patriarchen, König, Autokraten der Abschied gegeben. Gott wird als Gemeinschaft gedacht, in der alle alles miteinander teilen. «Die ganze Gottheit spielt ihr ewig Liebesspiel ...» (Quirinus Kuhlmann) Das Fehlen des weiblichen Elementes zeigt, dass es sich, trotz Vater-Sohn-Titulatur, um keine Familie handelt, wie andere Religionen Götterfamilien kennen. Die Trinität ist nach aussen hin nicht verschlossen, öffnet sich – durch die zweite und dritte Person betontermassen. Ihre Eigendynamik (die diejenige der Liebe ist!) will andere, will z. B. uns Menschen ergreifen und einbeziehen. Unter anderem Gesichtspunkt freilich erscheint das Fehlen des weiblichen Elements als Mangel. Auch die Dreieinigkeitslehre kann ihre historische Herkunft aus einer Männergesellschaft nicht verleugnen. Mehr als dieser Mangel beschäftigt mich aber die Frage: Wie kommt es, dass das gängige Gottesbild der auf den Namen des dreieinigen Gottes getauften Christen dennoch dasjenige des Patriarchen, des Königs und Autokraten geblieben ist? Hängt das zusammen mit Erfahrungen in einer Gesellschaft und in Kirchen, die offenkundig oder insgeheim autoritär strukturiert sind? Sicher ist: Die Trinität meint einen Gott, der, weil er wesenhaft Liebe ist (1. Johannes 4,8), Liebe auch praktiziert als dreieinige Liebesgemeinschaft, die das zulänglichste Bild des *einen* Gottes sein dürfte, das wir uns machen können.

Pfingsten

In den Pfingstereignissen (Apostelgeschichte 2) flammte Gottes Weltleidenschaft von neuem auf, zeichenhaft in züngelnden Flämmchen «wie von Feuer», die sich auf die Schar der Jünger und Jüngerinnen verteilten – Reaktualisierung gleichsam der seinerzeit am Flammenberg Sinai ergangenen Bestimmung Israels zum heiligen, priesterlichen Eigentumsvolk Gottes (2. Mose 19,5–6). Wie am Sinai das *Volk* Empfängerin der Verheissung und Weisung war, so ist es an Pfingsten wiederum eine (wenn auch noch kleine) *Gemeinschaft*, die den Geist empfängt. Pfingsten war die Geburtsstunde der Kirche in ihrer Grundgestalt als *Gemeinde*. Deren einzelne Glieder *partizipieren* am Geist, der die Gemeinde bewegt.

*

Geht die spätere Bezeichnung der Kirche als *Mutter* vielleicht auf die syrischen Kirchenväter zurück, die den heiligen Geist Mutter nannten, vom «Mutteramt» des Geistes sprachen? Schon im Johannesevangelium (3,5) ist ja von der *Geburt* aus dem Geist Gottes die Rede. Das weist zurück auf das im Hebräischen weibliche Wort «ruach» für Geist: «die Geistin» also. Sie ist, zuweilen bis zur Verwechselbarkeit, mit der ebenfalls weiblichen Sophia (Weisheit) Gottes verwandt.

*

Das Bild von der Mutter schliesst dasjenige der erotisch/sexuell Liebenden zwangsläufig mit ein. Flammen «wie von Feuer» sind seit jeher Metaphern für leidenschaftlich brennende Liebe, so auch im Hohen Lied, der erotischen Liedersammlung der Bibel: «Ihre (der Liebe) Gluten sind Feuersgluten, ihre Flammen wie Flammen des Herrn.» (8,6) Unbefangen wird Gott hier das verzehrende Begehren liebender Leidenschaft zugetraut, zugeschrieben. Ist es nur Zufall, dass just die Taube, Begleiterin und Botin der vorderorientalischen Liebesgöttinnen (wie auch von

Aphrodite/Venus), zum Symboltier des heiligen Geistes geworden ist? Was hat denn der Geist Gottes mit Erotik zu tun? Eine Antwort auf diese Frage ist die während fast zwei Jahrtausenden dominante Männer-Theologie schuldig geblieben.

*

Wie auch immer der vom Tod auferstandene Jesus in Gottes Himmel erhöht worden sein mag, der Blick seiner Jünger wurde sogleich wieder aus der Vertikale in die Horizontale zurückgeholt (Apostelgeschichte 1,4–14). Gottes Leidenschaft gilt, in Seiner Weisung wie in Seinem Geist, nicht dem «Oben», sondern dem «Unten», nicht einem Jenseits, sondern dem Diesseits.

*

Im turbulenten Wallfahrtstreiben Jerusalems dürfte freilich auch das Pfingstereignis kaum von vielen wahrgenommen worden und noch immer ein eher gruppeninternes Geschehen gewesen sein. Vermutlich ist eine gewisse Aufmerksamkeit der urbanen Öffentlichkeit erst erwacht, als die Armen der Stadt der pfingstlichen Gemeinde zuzuströmen begannen, weil sie dort täglich zu essen bekamen. Die vom heiligen Geist Ergriffenen hatten ihren privaten Besitz verkauft, um den Erlös Bedürftigen zukommen zu lassen, «je nachdem einer es nötig hatte» (Apostelgeschichte 2,45; 4,32–5,11). Der Zustrom von Armen und Hungrigen wurde schliesslich so gross, dass die Apostel sich genötigt sahen, für Armenspeisung und Fürsorge spezielle Mitarbeiter einzusetzen (Apostelgeschichte 6,1–7). «Mutter Geist» liess die ärmsten ihrer Kinder nicht im Stich, wurde erfinderisch und praktisch, legte Hand an.

*

Aus dem Oster- und Pfingstgeschehen, an und für sich irritierend und rätselhaft, resultierte zunächst also – eine Armenspeisung und rudimentäre Armenfürsorge! Etwas Neues? Nicht doch, die ersttestamentliche Weisung hatte schon immer jedem Juden die Fürsorge für Arme, Witwen und Waisen zur Pflicht gemacht. In Jerusalem scheint diese Art von gegenseitiger Fürsorge jedoch nicht mehr ausgereicht zu haben, vielleicht wegen der desolaten Wirtschaftslage, die sich in Städten am schlimmsten auswirkte. Der Zustrom von Verarmten zehrte schliesslich die Mittel der Urgemeinde auf und brachte das Experiment ihrer Gütergemeinschaft zum Scheitern, so dass der Apostel Paulus auf seinen Reisen Geld für sie sammeln musste. Spätere Kommunitäten (z. B. die Klöster) zogen daraus die Lehre: Ohne auch eine *gemeinsame Produktion* kann Gütergemeinschaft nie gelingen.

*

Im römischen Weltreich verbreitete die christliche Bewegung sich von Stadt zu Stadt, war ein *städtisches Phänomen*, weshalb das Wort «paganus», Landbewohner, zum Synonym für Nichtchrist, für «Heide» wurde. Ist die in Städten sich massierende Armut der geeignete Nährboden gewesen für die christliche Glaubenshoffnung? Wogegen die Landbevölkerung noch lange Zeit an ihren altvertrauten Agrar- und Fruchtbarkeitsgottheiten und -kulturen festgehalten hat – bis schliesslich auch sie von den städtischen Zentren aus religiös gleichsam kolonisiert worden ist. Hierbei dürfte nicht zuletzt das römische Bodenrecht als Instrument gedient haben. Es profanierte «Mutter Erde» zur Sache, zur Handelsware, und zerriss damit endgültig den einst engen Zusammenhang von Agrikult und Agrikultur.

*

Ich glaube nicht, überhaupt nicht, dass «Mutter Geist» – als Geistin des *Schöpfers*! – am römischen Bodenrecht und also daran Gefallen hat, dass «Mutter Erde» der menschlichen Hab- und Raubgier ausgeliefert wird. Erinnert sie seit Pfingsten nicht eher daran, dass «privat» ursprünglich und immer noch «geraubt» bedeutet?

*

Die Weisung und Leidenschaft Gottes und Seines Geistes resp. Seiner Geistin zielt auf Zusammenleben und Gemeinschaft, auf den Schalom. Das Soziale, d. h. das *menschliche* Zusammenleben, ist nur eine, allerdings bedeutsame Komponente des Schalom. Dennoch kann das Zusammenleben der Menschen nicht von ihrem Zusammenleben mit anderen Geschöpfen und mit der Schöpfung insgesamt getrennt werden. Ohne diese vermöchte der Mensch nicht zu leben. Darum müsste er ein vitales Interesse daran haben, mit seiner kreatürlichen Mitwelt ebenfalls zu einem friedlichen und für beide Seiten gedeihlichen Ausgleich, zu einem Schalom zu kommen (vgl. dazu 1. Mose 1 und 2; Psalm 104; Sprüche 8,22–31; Römerbrief 8,19–28). Schultheologisch formuliert heisst dies: Vor Gott werden wir erst gerecht sein können, wenn wir auch den Mitmenschen und auch der kreatürlichen Mitwelt gerecht geworden sind. Wie jedoch soll das möglich sein, wenn nicht «der Geist unserer Schwachheit zu Hilfe kommt» (Römerbrief 8,26)?

*

Tiere, Pflanzen haben uns Menschen voraus, dass sie des heiligen Geistes nicht bedürfen. Insofern ist der Mensch defizienter als seine Mitgeschöpfe, ist eine gefährliche, wenn nicht sogar die alles gefährdende Schwachstelle der irdischen Schöpfung. Andererseits freilich mobilisiert eben diese menschliche Defizienz und Bedürftigkeit Möglichkeiten und Energien, die über diejenigen anderer Kreaturen hinausgehen. Der Mensch: Gottes kühnster Entwurf, gerade als solcher aber ein Risikogeschöpf? Wie anders seine Erschaffung und Existenz erklären als mit einer Lebensleidenschaft und Weltlust, die ihresgleichen nicht hat? Was jedoch wird, wenn Gottes Geist die destruktiv ausartenden Humanenergien nicht in Schalom-Energien, den Homo imperator nicht in einen Homo amans et admirans, einen liebenden und ehrfürchtigen Menschen zu verwandeln vermag? Nichts aktueller und notwendiger deshalb als die alte Pfingstbitte: «Veni creator spiritus», komm Schöpfer Geist!

Wort, Geist

Bibelwort ist Menschenwort, das Buch kein redender Gott. Doch geschieht's, dass Sätze, Passagen des Buches evident werden als göttliches Wort, uns treffen als göttliche Stimme. Dieses Ereignis, lehrt die Theologie, sei von Gottes heiligem Geist bewirkt.

*

An den biblischen Wörtern für Gottes Geist («ruach», «pneuma») haften die Bedeutungen «Wind», «Atem», «Hauch», Bewegung also und Leben. Versuche, den Geist begrifflich oder institutionell in Besitz zu nehmen, gleichen dem Haschen nach Wind (vgl. Prediger 1,14). Der Geist waltet, kann aber nicht – etwa durch ein kirchliches Lehramt – verwaltet werden.

*

Die Schul-Theologie neigt dazu, das Walten des Geistes auf den Bereich biblischer Texte zu beschränken. Doch wie der Wind, weht auch Gottes Geist, wo er will, sagt in der Bibel selbst der johanneische Christus (Johannes 3,8). Seine Aussage korrespondiert auffällig mit der hebräischen Deutung des Namens jhwh, wonach Zeit, Ort und Art der jeweiligen Präsenz Gottes SEINER freien Wahl anheimgestellt bleiben (2. Mose 3,14). Der Geist Gottes: so souverän wie Gott selbst.

*

Können uns Worte anderer religiöser Überlieferungen nicht ebenfalls göttlich evident werden, uns heilig inspirieren? Der Geist weht über biblische und christliche Zäune hinweg, bläst Alteigenes weg, trägt Fremdes zu. Wind wie Atem bedeuten permanenten Austausch. Ohne ihn ist kein Leben, auch kein religiöses, möglich. Der heilige Geist weht in die Weite und Offenheit hinaus. Ebenso weht er aus der Weite und Offenheit zu uns hin. Deshalb misstrauen ihm insgeheim die geistlich

Besitzenden (vgl. Matthäus 5,3) in Kirche und Theologie, die oft rasch mit Vorwürfen wie «Schwärmerei» oder «Synkretismus» zur Stelle sind.

*

Einen vollkommen anderen Weg zur Transformation destruktiver Humanenergien weist der Buddhismus (in seinen mannigfaltigen Auffächerungen), ohne sich dabei auf einen göttlichen Willen, auf einen Gott überhaupt, geschweige denn auf eine göttliche Liebe und Weltleidenschaft zu berufen. Leidenschaft gilt hier vielmehr als Quelle jedes Leidens und allen Übels. Erlösung bedeutet deshalb: Sich freimachen von jedweder Leidenschaft. Buddhas Lehre ist die vollkommene Antithese zum (auch jüdischen, auch islamischen) Glauben an eine göttliche Weltleidenschaft und zur biblischen Perspektive, die Friedrich Christoph Oetinger (1702–1782) einst in den Satz fasste: «Leiblichkeit ist das Ende der Werke Gottes.» Zwar steht die Auseinandersetzung mit dem Islam zuoberst auf der kulturell-politischen Dringlichkeitsliste. Theologisch-spirituell und langfristig hingegen dürfte – so Gott will und die Menschheit noch eine Weile lebt – der Buddhismus die noch grössere Herausforderung für das Christentum (ebenso für das Judentum und den Islam) bedeuten.

*

Der heilige Geist, weil er weht, wo er will, kann niemals Besitz religiöser Institutionen oder Lehrämter werden. Auch Begriffe vermögen ihn nicht anzubinden, nicht als geistigen resp. geistlichen Besitz festzuhalten. Der Begriff «Weltleidenschaft» taugt ebenfalls nur so weit, als er auf das freie, unverfügbare Walten Gottes und Seines Geistes zu verweisen vermag. Nur als geistig/geistlich Nichtbesitzende (im Sinne etwa von Meister Eckart) werden wir frei für den Schöpfer resp. die Schöpferin Geist und damit offen auch für interreligiöse Dialoge.

Atmen

Atem, Odem, A und O jedweden Daseins. «Dem Atem sei Verehrung, in dessen Macht dieses All steht.» (Atharvaveda)

Welch eine verrückte Bauidee, alles Leben just auf Atem, auf flüchtigen Hauch zu gründen: ein «Fundament», das keiner der Anforderungen – nicht einer einzigen! – genügt, die an Fundamente gestellt werden müssen. Dennoch, es steht, es lebt noch immer, das Haus aus Hauch.

Johann Georg Hamann liess – vielleicht seinen eigenen Namen (H-mann) meditierend? – den Buchstaben H zu den Menschen sagen: «Euer Leben ist das, was ich bin – ein Hauch.»

Wortwarenladen:
Atemandacht, Atemkathedrale (Theodor Däubler)
Odemknospe (Else Lasker-Schüler)
Atembaum, Atemgeflecht, Atemkristall, Atemmünze, Atemseil, Atemwende, Steinatem, Veratmetes (Paul Celan)
Atemrest (Nelly Sachs)
Atemgedichte (inspiriert vielleicht durch Rilkes Sonett-Zeile: «Atmen, du unsichtbares Gedicht»?), atemstill (Friederike Mayröcker)
atembeten (Gottfried Benn für fernöstliche Atemmeditationen)

Während der Transzendentalen Meditation, las ich, verbrauche man etwa sechzehn Prozent weniger Sauerstoff als sonst. Werden wir, um ein wenig noch weiter atmen, weiter leben zu können, bald alle transzendental meditieren müssen?

Pfingsten 10. Juni 1984

Pfingsten. Gottes Geist ergreift Menschen, nach der biblisch-sinnenhaften Vorstellung, wie der Wind die Gebüsche, die Bäume: von aussen her, nicht voraussseh-, nicht berechen- und nie besitzbar. «Wer hat den Wind in seine Fäuste gefasst?» (Sprüche 30,4) Wie Winde nicht gelenkt werden können (Prediger 11,5), weht der Geist, wo er will (Johannes 3,8). Und wie Bäume vom Wind, wurden Menschen, die Gottes Geist erfasste, von Ekstasen geschüttelt und begannen, wie Baumkronen im Spiel des Windes, zu hüpfen, zu tanzen: «... und als der Geist über sie kam, gerieten sie in Verzückung ohne Aufhören.» (4. Mose 11,25) Je weiter man zurückgeht, je elementarer das Phänomen also war, desto weiblicher scheint die Geist-Vorstellung gewesen zu sein. Im Hebräischen war Ruach, der Gottesgeist, weiblichen Geschlechts. Weibheiligkeit des Geistes also? Und Pfingsten nicht nur ein antihierarchisches, sondern auch ein antipatriarchales Geschehen? Die Taube, Symbol des Heiligen Geistes, ist zuvor der Grossen Göttin Ischtar und der griechischen Liebesgöttin Aphrodite heilig gewesen.

Heiliger Geist

Was ist der Heilige Geist? Ein Materialist im idealistischen Exil, der auf Möglichkeiten zur Heimkehr in die Materie, d. h. zur Inkarnation und Vergesellschaftung sinnt.

Körperkirche

Die Kirche des Geistes sind unsere Körper, schrieb der Epileptiker einst nach Korinth (1. Korinther 6,19). Erst später: Kirchen aus Stein.

Sinne als Sinn

Im neuen Aeon werden die Sinne der Sinn, wird ausserhalb der Sinne kein Sinn sein. Das meint die paulinische Formel «Jetzt im Glauben – einst im Schauen» (2. Korinther 5,7) zum mindesten *auch*.

Göttliche Utopie

An Pfingsten vergegenwärtigen sich die christlichen Kirchen ihren historischen Ursprung. Die Pfingstereignisse im nachösterlichen Jerusalem sind für den Glauben jedoch nur die erste Manifestation weiterer Erneuerungen und «Auferstehungen» der Kirche, die auch für unsere Gegenwart und Zukunft erhofft werden. Als Inspirator dieser immer neuen Vitalisierung der Kirche gilt Gott selber: doch nicht ein Gott der zeitlichen oder räumlichen Ferne, sondern der gegenwärtige, der nahe, der heutige Gott. Ihn meint die Redeweise vom «Heiligen Geist».

*

«Heiliger Geist» ist kein Alibiwort für Flucht aus den irdischen Realitäten, weder für idealistischen Höhenflug noch für momentan-ekstatischen Ausflug.

Zum Fluchthelfer macht den Heiligen Geist jener emphatische «Jesus-People-Fan», den ich jüngst im Berner Bahnhof predigen hörte: «Ich bin erlöst! Ich habe keine Probleme mehr! Wer erlöst ist, hat keine Probleme mehr!»

Das ist pure Flucht-Ideologie, ist Opium für das Volk. Der Heilige Geist ist kein Fluchthelfer. Er ist, wie Jesus selbst, inkarnativ, drängt auf Materialisierung, auf Menschwerdung, auf Verwirklichung. Der neutestamentliche Pfingstbericht und seine Fortsetzung (die Apostelgeschichte insgesamt) ist eine Kettenreaktion von individuellen und sozialen Realisierungen!

*

Der Geist, so verspricht der johanneische Christus, «wird euch in alle Wahrheit leiten» (Joh 16,13).

Wahrheit ist hier nicht als vorgegebene Theorie verstanden, die erst nachträglich auf Wirklichkeit bezogen und angewendet werden müsste. Es gibt keine von der individuellen und gesellschaftlichen Praxis losgelöste, abstrakte Wahrheit. Wahrheit geschieht! Sie geschieht, biblisch verstanden, personal (Christus:

«Ich bin die Wahrheit»), als Veränderung (=Umkehr), als Engagement einer Liebe, die ebenso das Glück (= Heil) des einzelnen wie das Glück aller anstrebt.

Der Heilige Geist leitet uns deshalb in eine Wahrheit, die erst im Vollzug, in der existentiellen und sozialen Praxis Wahrheit wird. Er ist ein Geist, der zum Wagnis, zum Risiko ermutigt. Ohne Risiko ist nur die reine Theorie, mit der die Dogmatiker und Doktrinäre jeder Richtung, von den fundamentalistischen Christen bis zu den fundamentalistischen Neomarxisten auftrumpfen. Der Triumph der «Jesus-People» und «Marx-People» ist genau so gross wie ihre Distanz zu den Risiken gelebter Praxis.

*

Wahrheit ist, Jesus zufolge, Liebe. Diese bleibt immer ungeschützt, immer ungesichert. Sie ist das Wagnis par excellence. Wer Liebe praktizieren will, setzt sich aus, wird verletzlich, sogar wehrlos. Jesus, die Wahrheit und die Liebe in Person, endete am Galgen, ausgesetzt dem Missverständnis, dem Gelächter, der Wut, der Gewalt. Ein abschreckendes Beispiel! Wer wollte ihm nacheifern? Niemand – und wers doch zu wollen behauptet, nimmt wohl nur den Mund voll.

Die frühen Christen meinten deshalb: Dieser Wahrheit, die Jesus heisst und Liebe ist, eifert niemand aus eigenem Antrieb nach. Eigener Antrieb müsste uns eher von ihr wegführen. Wird jemand doch nicht von ihr weg-, sondern zu ihr, ja in sie hinein geführt, so muss ein anderer Antrieb wirksam geworden sein als der eigene. Diesen «anderen Antrieb» nannte man Heiligen Geist. Es ist der Geist, der uns dorthin leitet, wohin wir von uns aus schwerlich mit Lust gehen würden: in die Wahrheit neuer Erfahrung, die uns aussetzt, uns gefährdet und gerade deshalb verändert.

Weil er einzelne Menschen vom Egoismus auf Liebe, von Selbstsucht auf Selbsthingabe, von Sicherungsfurcht auf ungesicherte Freiheit umpolen kann, traut der Glaube dem Heiligen Geist auch das Vermögen zu, die Welt insgesamt verändern und auf die Wahrheit der Liebe hin neu schaffen zu können. Dass die Welt zum Schlimmeren, ja Schlimmsten hin veränderbar ist, wissen wir. Am besten wissen es heute die Jugendlichen. Ist die Welt auch (noch!) zum Besseren, ja Besten veränderbar? Sie ist es, sagt das Pfingstevangelium. «Heiliger Geist» ist ein anderes Wort für die Veränderbarkeit der Welt zum Guten, zur Wahrheit – zur Liebe.

*

Also eine Utopie? Pfingsten als Fest der christlichen Utopie? Warum nicht? Wenn «Heiliger Geist» allerdings den gegenwärtigen, den nahen, den heutigen Gott meint, dann müsste man keckerdings von göttlicher Utopie reden – von einem Zukunftsentwurf Gottes, der jetzt noch keinen Ort hat, sich jedoch einen Ort sucht, mitten unter uns, darum auch: mit uns!

«Heiliger Geist» besagt nämlich auch: Gott will nicht mehr als Weltmonarch, als finsteres Über-Ich, als Super-Polizist verehrt sein. Er will sich hineinlassen in unser Denken, Fühlen, Tun, er will eingehen in unsere individuelle und soziale Lebenspraxis. Er will nicht Imperator, er will Inspirator und Kooperator sein!

Der Heilige Geist befremdet, Spiritualität aber fasziniert uns
Gedanken zum Pfingstfest

Pfingsten – wie andere ähnliche Feiertage eine kalendarische Hinterlassenschaft christlicher Tradition in nachchristlicher Zeit? Ihr Gehalt, scheint es, ist ebenso verdunstet wie die alte Rede von Geist, von Heiligem Geist sogar. Was bleibt, ist Kommerz und Touristik.

Andererseits gibt es eine neue Rede vom Geist. Ihr Stichwort heisst: Spiritualität! Längst ist die Zahl der Bücher, Artikel, Kurse über Spiritualität ins Uferlose gewachsen. Der Begriff selbst tendiert ins Grenzenlose, greift über herkömmliche Religions- und Weltanschauungsgrenzen hinaus. Es gibt buddhistische, hinduistische und gewiss auch christliche, gewiss auch islamische Spiritualität. Dazu (um nur Beispiele zu nennen) feministische, ökologische, anthroposophische, esoterische Spiritualität. Das Wort «Spiritualität» hat geradezu Konjunktur, scheint ein weitverbreitetes Bedürfnis auszudrücken. Umso seltsamer, dass uns ausgerechnet das alljährliche Geist-Fest, Pfingsten eben, so fremd, so unverständlich geworden ist.

Was bedeutet denn «Spiritualität»? Doch wohl: eine vom Geist (lateinisch: spiritus) bestimmte, geformte Existenz führen oder mindestens zu führen versuchen. Geist meint hierbei mehr als Vernunft und Verstand, beide eher zweckorientiert und analytisch operierend, was durchaus nützlich, aber noch nicht alles ist. Unser Wunsch geht nach mehr, er sucht Sinnperspektiven für die Welt, das eigene Leben. Um die geht es in der Spiritualität. Um die geht es freilich auch im biblischen Pfingstgeschehen (Apostelgeschichte 2). Weshalb bleibt uns dieses dennoch unverständlich und fremd?

Schwer zu vermitteln

Ein Grund dafür ist bestimmt die immer schwieriger gewordene Vermittlung der biblischen Texte und Bilder («Ausgiessen» des Gottesgeistes, «Feuerzungen» über den Häuptern). Gerade an ihnen blieb eine wenig inspirierte Verkündigung leider kleben, anstatt alsbald die greifbaren Folgen des Pfingstgeschehens hervorzuheben und zu erzählen, nämlich das Entstehen einer Gemeinschaft, die eine neue Welt- und Lebensperspektive nicht nur entdeckte, sondern auch in die Tat umsetzte.

Nebst gemeinsamem Beten und Brotbrechen sah diese Tat so aus: «Alle Gläubiggewordenen aber waren beisammen und hatten alles gemeinsam; und sie verkauften die Güter und die Habe und verteilten sie unter alle, je nachdem einer es nötig hatte.» (Apostelgeschichte 2,44/45) Und dann gleich noch einmal: «Die Menge der Gläubiggewordenen aber war ein Herz und eine Seele; und auch nicht einer sagte, dass etwas von seinem Besitz sein eigen sei, sondern alles war ihnen gemeinsam.» (4,32)

Der wichtigere Grund für die heute fehlende Akzeptanz des Pfingstfestes dürften diese unmittelbaren Konsequenzen der seinerzeitigen «Geistausgiessung» sein. Sie sind einschneidend und konkret gewesen, quer zum Lebensstil im römischen Reich, erst recht quer zum Lebensstil des globalen Kapitalismus. Mit eins hat sich damals eine Spiritualität manifestiert, die umgehend auf kommunitäre und soziale Verwirklichung drängte. Im Vordergrund stand nicht die Stillung religiöser Bedürfnisse, sondern die Armut und Not vieler Menschen im damaligen Jerusalem.

Der Skandal von Armut und Hunger

Gemäss der Weisung Jesu war der sich formierenden Gemeinde offenbar bald einmal klar, dass dem Skandal von Armut und Hunger nur mit einer Teilung der Güter begegnet werden konnte. Was wundert's, dass eine Spiritualität mit solch radikalen Zumutungen an unser Besitz- und Gewinndenken befremdlich, unbeliebt, deshalb auch unvermittelt und verdrängt bleibt? Hier trat vehement ein Glaube auf den Plan, der den Begüterten etwas abforderte, was sie zu keiner Zeit freiwillig zu leisten bereit waren, damals aber dennoch wagten unter dem Eindruck der Auferstehung des Gekreuzigten (wie auch immer man sich diese vorstellen und zurechtdeuten mag).

Kurzum: die pfingstliche Spiritualität mit ihrer Forderung nach Teilung der Güter und Ressourcen geht uns, geht der christlichen wie nachchristlichen-kapitalistischen Welt gegen den Strich. Das dürfte wohl der innerste Kern der mangelnden Pfingst-Akzeptanz sein.

Freilich: die pfingstliche Gütergemeinschaft ist gescheitert, unter anderem weil sie bloss Verbrauchs- und nicht auch Produktionsgemeinschaft war. Ohnehin war sie nicht auf eine längere Zeitperiode hin konzipiert, hatte transitorischen Charakter, da jene Christen in einer Endzeit zu leben glaubten. Nicht im Traume dachten sie daran, aus ihrer in-spirierten Solidarität eine Ideologie zu machen.

Überforderte Urgemeinde

Gescheitert ist das spirituell-materielle Experiment schliesslich auch, weil der enorme Zulauf von Verarmten die Mittel und Möglichkeiten der Urgemeinde überforderte. Für die Hungrigen allerdings, die damals Nahrung, für die Armen, die Witwen und Waisen, die Schutz und Subsistenzmittel bekamen, war's kein Scheitern, war's Hilfe und Rettung! Mit Jubel und Frohlocken, so lesen wir, seien die Zusammenkünfte der ersten Christen gefeiert worden, ähnlich wie heute in den armen Basisgemeinden Lateinamerikas oder Afrikas. Spiritualität der Freude also, aufgrund der gelebten und erfahrenen Solidarität im Materiellen!

Gescheitert? Doch es gibt ein Scheitern, von dem mehr Licht ausgeht als von den meisten Siegen und Erfolgen. Dazu gehört das Scheitern Jesu, seine Hinrichtung. Dazu gehört auch das Scheitern der pfingstlichen Solidargemeinschaft. So kurzzeitig sie bestand, so langzeitig leuchtete und leuchtet sie weiter, Imperien und Ideologien insgeheim überstrahlend. Der neue Zeitpunkt ist abzusehen, wo die jetzige, sogenannt neue, in Wahrheit jedoch alte Weltordnung an den Problemen, die sie selber geschaffen hat – immer mehr Armut, mehr Hunger, mehr Kriege – zerbrechen wird. Nicht umsonst breitet sich Zukunftsangst aus, gerade unter den Begünstigten der derzeitigen Machtverhältnisse, für die Pfingsten ein Hirngespinst, die soziale Pfingstspiritualität unakzeptabel ist.

Wird Pfingsten, derzeit ohne viel Akzeptanz, einmal noch zur Quelle sozialer Inspiration, zum Leitsymbol einer gerechteren Welt werden? Ich weiss es nicht. Niemand kann es wissen. In den Kirchen wird jedoch weiterhin die sakramentale Teilung gefeiert, mit Brot und Wein. Ein Ritus heiligen Ungenügens, solange nicht auch die Güter und Ressourcen der Erde entsprechend gerecht verteilt sind.

Zu Pfingsten ins Notizbuch

Der Name «Pfingsten» geht auf den jüdischen Festkalender zurück: 7 Wochen nach dem Passafest, am «50. Tag» (= Pentekoste, Pfingsten) wurde das jüdische Ernte- oder Wochenfest gefeiert. An diesem Tag erfolgte nach Apostelgeschichte 2,1 die Ausgiessung des Heiligen Geistes über die Jünger Jesu.

*

Die Ausgiessung des Heiligen Geistes hängt eng mit den Osterereignissen zusammen. Deshalb feierte die alte Kirche die 50 Tage von Ostern zu Pfingsten als ein ununterbrochenes Osterfest. 50 Tage lang wurde in den Gottesdiensten der auferstandene Christus verherrlicht, 50 Tage lang herrschte Auferstehungsjubel (wie mager demgegenüber unser auf ein bis zwei Tage reduziertes Osterfest)!

*

Pfingsten schliesst die Osterzeit ab. Genauer gesagt: Pfingsten lässt Ostern hinter sich, überrundet Ostern. Eine neue Zukunft beginnt. Zu-kunft wörtlich genommen: ein neues Zu-kommen, Zu-uns-kommen Gottes in Jesus Christus hebt an.

*

Der Heilige Geist ist kein Fluidum, kein «Etwas, sondern ER: Gott in Jesus Christus. Und darin besteht sein neues, sein pfingstliches Zu-uns-kommen, dass er nunmehr aus allen Bedingtheiten und Beengungen räumlicher und zeitlicher Art hinausgetreten ist. In seiner Leiblichkeit (auch in seiner Auferstehungsleiblichkeit nach Ostern) war Er nur begrenzt gegenwärtig. Sein Kommen «im Geist» verleiht ihm All-Gegenwart.

*

Ostern: Christus sprengt die Schranke der Zeit (des Todes).
Pfingsten: Christus sprengt die Schranke des Raums.

*

Der Aktionsradius des auferstandenen Christus weitet sich mit Pfingsten – über Galiläa und Judäa hinaus – ins Universale. Die Botschaft seiner Herrschaft ergeht an der ersten Pfingsten zeichenhaft in allen Sprachen und wird in allen Sprachen verstanden. Pfingsten ist der Geburtstag einer universalen (oder: ökumenischen) Kirche. Darum ziehen Jünger Christi bald nach Pfingsten in alle Welt. Und überall, ob in Ephesus, Korinth, Rom, Gallien, Britannien, Helvetien: überall geht ihnen Christus voran, ist Er schon da, wenn sie eintreffen, bleibt Er mit ihnen «bis an die Enden der Erde». Seine Unsichtbarkeit «im Geist» ist also keine Reduktion, sondern eine Potenzierung seiner Gegenwart!

*

Im Heiligen Geist kommt Christus erst wirklich und buchstäblich zu «uns»! Nicht nur zu ein paar wenigen, zeitlich und räumlich weit entfernten Menschen, sondern zu «uns»: Juden, Zürcher, Berner, Genfer, Deutsche, Ghanesen, Eskimos, Brasilianer, Andorraner und «Andorraner» – alle gehören in dieses «uns». Zu uns allen verschafft sich Christus – gekreuzigt unter Pontius Pilatus, am dritten Tage auferstanden von den Toten – Zugang durch den Heiligen Geist.

*

Dies ein Beispiel der Präsenz Christi aus der neuen Zeit: In seiner Reichskanzlei phantasiert Hitler vor seinen Gästen, «was er zu tun gedenke, um das Volk, vornehmlich seine Jugend, aus den Fängen und Fallen jener jüdischen Sekte zu befreien, die man als Christentum zu bezeichnen pflege». Das war noch zu Beginn des Nazi-Regimes. Und ausgerechnet hier, im Angesicht des unheimlichen Mannes mit seinen abgründigen Plänen, widerfuhr einem seiner Zuhörer Pfingsten, der Anruf des «Königs der Juden»: «Es muss in seiner ganzen Fremdartigkeit bekannt werden: damals, in jener Reichskanzlei – sie steht längst nicht mehr – oben im zweiten Stock, in der damaligen Wohnung Adolf Hitlers, im Beisein von Goebbels und des schrecklichen Julius Streicher und ein paar andern: Da war es, dass einem Menschen Jesus von Nazareth begegnete und er den Ruf hörte: ‹Folge mir!›»

So schildert Hermann Rauschning sein Pfingsten (in: Der saure Weg, Berlin 1958). So ist Christus präsent mitten im Lager seiner Feinde, präsent – durch seinen Heiligen Geist.

*

Heiliger Geist ist – das Beispiel Rauschnings zeigt es aufs Neue – Anruf, der uns in Bewegung setzt, uns verändert. Er ist «schlicht das Wort Gottes, das zu uns kommt und das wir vernehmen» (Karl Barth).

*

Pfingsten kann nur als Freudenfest gefeiert werden. Wir sollen uns freuen darüber, dass Jesus Christus keine Figur der Vergangenheit, sondern der Herr der Gegenwart, unserer Gegenwart ist. Wir dürfen uns freuen, dass Er nicht verstummt ist, sondern redet, heute wie je. Dass Er nicht resigniert, sondern unbeirrbar und mitten unter seinen Feinden am Werk ist, am Werk seines Vaters im Himmel, der «will, dass alle Menschen gerettet werden und zur Erkenntnis der Wahrheit kommen».

Sommer

liebeskalender

juni

sommerst wohl ponderiert
wie bis ANHIN die tage
nach der schafskälte ein:
IN NAHaufnahme HINAN denn
zu weichzeichnerwonnen!

juli

graulicht (sonnenschlicke ozon)
die netz- und schleimhäute brennen
spät erst heilen gewitter und
das erdalte fest das die heimkehr
zum tode verzögert

august

«eine grosse sanftheit wird kommen
die grosse sanftheit kleiner
massliebchen» – wer denn weissagt so?
ein trippeln von käfern die stille
der wurzeln unter dem gras

sommer

spannt
seinen jungen hals
den geschmeidigen körper

presst sich
aus einer zitrone
saft in die gurgel –

und plötzlich lächerts mich
den grossen adamsapfel
hüpfen zu sehn

Hochsommer, Ozon

Empfehlung bei erhöhten Ozonwerten: Weniger atmen!

Dann aber schwenkt der Himmel fröhliche Regenfahnen. Westwind sprengt die Dunst- und Abgasglocke und schafft sie weg – frage bloss nicht, wohin! Kurzes Moratorium für die Lungen, die Augen. Erste Windtränen.

Nach zwei Tagen Regen: neue Hitze, neue Farbschreie! Wild trommelt Sonne auf die Haut ein und durch die Haut hindurch auf die Knochen, als gälte es, diesen etwas einzubläuen. Ab Mittag dämpft bleigraue Fahlheit die zuvor heftigen Farben. Kein Vogellaut mehr. Kinder beginnen wieder zu husten.

Ist dir aufgefallen, dass der sonst so muntere Klee nicht mehr wachsen will?

Endlich ein Gewitter! Frisch gewaschen strömt Nachtluft durchs offene Fenster. Ich gähne mehrmals, doch nicht vor Müdigkeit. Vielmehr kribbelt unzeitige Arbeitslust im Kopf, im Körper. Gleich ist Mitternacht.

Nationalfeiertag

Schweizer Luft

Berge bergen. Zwischen Bergen geborgen. Weltbinnenraum. Dank der Höhen, der Gipfel bleibt die Ferne meistens jedoch nah – es sei denn, eine tiefe Wolkendecke habe sich wie ein schwerer Deckel auf Tal und Gemüt gelegt.

Die Winde aber, die Bewegung bringen, kommen aus der Fremde, der Ferne: vom Atlantik her, aus Italien, aus den weitflächigen Ebenen Nordosteuropas. Schweizer Luft: ständig sich erneuernd durch die Ausland nach Ausland durcheilende Luft *anderer*. Zuweilen gelingt's der grossen Bergbarriere, die eiligen Winde einzufangen, sie festzuhalten, zum Stillstand zu zwingen. «Staulage» heisst dieser Stillstand. Er macht die Bewegungen, auch das Reden der Menschen langsam und bedächtig, selbst dann noch, wenn die Winde sich längst schon befreit haben und wir aufatmend wieder ausländische Luft in die Lungen ziehen dürfen.

Und wozu eine Fahne? Um sie in den Wind zu hängen. Um sie knattern zu hören. Um an ihr die Windrichtung sofort feststellen zu können. Oder glaubt die Fahne noch immer, die Winde wehten nur ihretwegen?

mein kleines land

mein kleines land
   «zu manchen lastern
   sind wir nicht zahlreich genug» (a. turel)
mein sicheres land
   an deine banksafes kommt niemand heran
   aus deinen hochsicherheitszellen niemand heraus
mein liberales land
   jeder darf frei seine meinung äussern
   wenn ihn der brotkorb nicht reut
mein konservatives land
   zum bestehenden das du verteidigst
   gehört die zerstörung dessen was besteht
mein friedliches land
   «wer nicht schiessen will
   den sollte man kastrieren»
   (votum an einer svp-delegierten-versammlung)
mein zirkus-land
   bekannt für humane menschendressur
   für clowns wie grock wie dürrenmatt
   oder dimitri
mein schönes land
   wo schmucke schwermut prangt
   mit grünen soldaten mit roten geranien

Demokratie Gottes

Muss am ursprünglichen Begriff «Reich» oder (sprachlich genauer) «Königreich Gottes» festgehalten werden? Gegenüber Israels Nachbarmonarchien, vor allem dann in Antithese zum römischen Imperium hat dieser Begriff die *andere* Herrschaft eines *anderen* Herrn bezeugt. Solange es Oligarchien, Diktaturen usw. gibt, wird «Königreich Gottes» immer eine Parole voll polemischer Zeugniskraft bleiben. Dennoch könnte man vermehrt auch von der «Demokratie Gottes» sprechen, im Unser Vater beten (Matthäus 6,10): «Deine Demokratie komme!» Dass Gott «alles in allem» (1. Korinther 15,28) werden will, deute ich nicht als den Wunsch nach totalitärer Theokratie. Ich stelle mir im Gegenteil eine Theodemokratie vor, eschatologische Inkarnation und Immanenz Gottes in allen Menschen, Beziehungen, Institutionen – Entfaltung der Dreifaltigkeit zur Allfaltigkeit sozusagen: und «die zaubervollen Klänge der Marseillaise mischen sich in das Te Deum laudamus» (Ludwig Derleth).

heil vetia 1

helfetia
    «dein ist mein ganzes»
ehrlich: ich liebe
    dich tat twam asi
löwenzahnärztin
    und gedankenmaschine
die ich schmiere
    zuweilen

heil vetia 2

heil feezia
verrücktes huhn du
bebaumelt von napoleonischen orden
    gebleichter medaillon-locke des jung
        verstorbenen ahnen
von ketten aus burgundischer beute
grossvaters stillgestandener klappuhr
trippelst du wo
    so starren die leute dir nach
ich aber ich mag dich
    mag diesen spinnigen aufputz
du gackerst so echt
    ich greife deine goldenen eier

heil vetia 3

heul fetia
lach fetia
    mickey-mouse unter den völkern
    disney-land der demokratie
        überall dagoberts!
    und darum nur halb so lustig
das leben ist ernst
    wie die bauern-gewerbe und arbeiterpartei
    wie der vorort des handels- und freisinns
    wie die ausserparlamentarische regierung von
banken industrie und hauseigentümerverband

heil vetia 4

hehl fetzia
in deinen höhlen
    lagern die schätze der welt
bewacht
    von pünktlichen gnomen
beschützt
    von milizen und mirages
heilig heilig heilig: das asylrecht des geldes –
    und abends
erröten panoramisch die alpen
summen die wohnfabriken zuhauf
und dienstverweigerer meditieren
    friedlich in ihren zellen

heil vetia 5

    höll vetia
        «nackt unter leder»
deine foltersalons sind reich mit instrumenten bestückt
das sortiment deiner peitschen ist jodel(-le)
      hast blut schon immer gemocht –
wie wir uns quälen voll lust
    einander süsse martern ersinnen
      horror-geliebte –
    behutsam salben wir uns danach die striemen
die wunden
    und tauchen aus zangengestrüpp und ruten-
bädern empor:
        beispielhaft friedlich

heil vetia 6

    hell vetia
        von arnold böcklin gemalt
        «in dem blendenden schimmernden Weiss
        eines taufrischen Mädchenkörpers» –
        «nicht nur Helvetia,
        sondern jeder Zoll zugleich eine
        Freiheitsgöttin» (frank wedekind)
draperie tiefrot um geschlecht und hüften geschlungen
deuten die runden arme ein kreuz an?
und etwas wie eine jakobinermütze im haar
        mein hippie-mädchen
    «dein ist mein ganzes»
        ehrlich: ich liebe dich

heil vetia 7

heil vetia
und ich: dein matriot
      aus zufall (ich weiss)
      man hat mich nicht gefragt
ein narr wohl auch
      angesichts
des nuklearen holocausts
      aber verdammt
      aber verrückt
ich liebe dich
                    du
        mein
      tat twam asi

Tell und Christus

«In der Tell-Sage steuert Tell das Schiff an eine ihm wohlvertraute Platte. Dort springt er aus dem Schiff, tritt das Schiff gleichsam hinter sich und steht dann auf der Platte hohnlachend über dem Boot, das noch mit den Wellen kämpft.

Diese Szene der Tell-Sage ist vermutlich der Punkt, wo sich der Passionsweg der schweizerischen Nation zu ihrem Werden von der christlichen Passion abgabelt. Denn der Heiland darf niemals die anderen Menschen unter sich treten, um als Erfolgsmensch und als Übermensch sich über sie zu erheben.» (Adrien Turel: *Und nichts fiel auf ein gut Land ...*, Zürich 1958, S. 194)

*

Tell, aber nicht nur er, unser Volk, aber nicht nur es: Jeder geht den Weg der Selbsthilfe und der Selbstbehauptung.

Am Karfreitag müssen wir uns jedoch sagen lassen, dass dieser Weg nicht der Weg Christi ist.

«Hilf dir selbst und steig vom Kreuze herab!», rufen die Vorbeigehenden dem Gehängten zu. Doch er steigt nicht herab.

«Andern hat er geholfen, sich selber kann er nicht helfen.» In diesem Spott ist die volle, ganze Wahrheit: Andern hilft er, sich selber hilft er nicht.

*

So hängt der nackte Mann in den Nägeln. Der Sonnenhimmel verfinstert, verhüllt sich, da er stirbt. Aber der Gotteshimmel öffnet sich.

Wir müssen unser Bild vom Gotteshimmel korrigieren. Die Entdeckungen der Astronomie, die Vorbereitungen zur Weltraumschifffahrt haben uns die naive Gleichsetzung von Gestirnhimmel und Gotteshimmel unmöglich gemacht. Der erste Mensch, der einen Blick ins Weltall hinauswarf, ein amerikanischer Ballonpilot, sah nur schwindelnde, purpurdunkle Finsternis, aber nicht den Himmel Gottes.

Wo ist denn der Himmel Gottes?

Hier, am Kreuz, ist er über uns ausgespannt, in diesem Mann, der sich mit letzter Anstrengung und bis zum bittern Ende weigert, sich selber zu helfen. Im ihm, der sich nicht herunterziehen lässt in den närrischen Kreislauf von Siegen und Besiegtwerden, von Treten und Getretenwerden, von Gewaltanwenden und Gewaltleiden – in ihm öffnet sich über uns und unserer Welt der Gnadenhimmel.

*

Das also gab es einmal, nicht als Märchen und Legende, sondern als harte, blutige Realität: einen Menschen, der nicht an sich selber, sondern ganz und gar an die andern dachte, der noch im Todeskampf ein Gebet für seine Henker artikulierte: «Vater, vergib ihnen, denn sie wissen nicht, was sie tun.»

Der Sonnenhimmel verfinsterte sich damals, aber der Himmel der Gnade öffnete sich – sogar für die Henker.

Ist das alles jetzt ein Stück Vergangenheit?

Nein.

*

Im Ostergeschehen sagt Gott Ja zum Weg des Gekreuzigten. Er holt ihn heraus aus Tod und Vergangenheit, setzt ihn ein in ewige Gegenwart und öffnet ihm alle Zukunft.

Nützt der Auferstandene diese Chance aus? Kommt er jetzt, um sich jung, schön und unwiderstehlich an seinen Gegnern und Henkern zu rächen, wie es irdischer Gesetzmässigkeit entsprechen würde? Kommt er, der Geschlagene, um jetzt seinerseits zu schlagen?

Aber wie im menschlichen Sterben so lässt er sich auch jetzt, im göttlichen Leben, nicht in den närrischen Kreislauf von Schlagen und Geschlagenwerden herunterziehen. Auch jetzt hilft er nicht sich selber. Die Bitte: «Vater, vergib ihnen, denn sie wissen nicht, was sie tun», wird nicht zurückgenommen, sondern durch das Verhalten des Auferstandenen bestätigt und erneuert. Er tritt nicht auftrumpfend vor seine Gegner hin. Er überlässt sie – nein: nicht ihrem Schicksal, sondern – der Vergebung, die er für sie erbeten hat.

*

Ostern bedeutet also: Der Himmel der Gnade bleibt offen über uns.

Gewiss: Wir gehen immer noch auf den Wegen Tells. Ob Tell ein wirklicher Held oder vielleicht nur ein renommierender «Halbstarker» war, wie einige Geschichtsforscher annehmen, ist nicht von Belang. Ob Helden oder «Halbstarke», unser Weg ist derselbe. Immer ist da irgendwo eine Tellsplatte, auf die wir uns selber retten, während wir andere in die Wellen zurückstossen.

*

So retten wir uns von Tellsplatte zu Tellsplatte. Da ein rettender Sprung, dort einer, bald plump, bald elegant, bald keuchend, bald lächelnd, aber so schlagen und retten wir uns selber durch. Andere bleiben in den Wellen zurück.

Diese Tells-Sprünge, das Sich-selber-Retten und Die-andern-Zurückstossen ist, biblisch gesprochen, «Welt»: Welt der Menschen.

Das ganz andere aber, der Mann am Kreuz, der sich nicht selber retten will, der sich hinabstossen lässt, statt andere hinabzustossen, das ist «Himmel»: der Himmel Gottes.

Fremd, exotisch, unbegreiflich blüht dieser Himmel seit Karfreitag und Ostern mitten unter uns. Fremd, «welt»-fremd, welt-exotisch ist das Gesetz seines Blühens: «Wer sein Leben retten will, der wird es verlieren. Wer aber sein Leben verliert um meinetwillen, der wird es retten.»

Fremd, exotisch ist dieser Himmel im Vergleich zu allem, was «Welt» ist, völlig anders, radikal neu und ungewohnt, aber gerade damit Verheissung einer anderen und neuen Zukunft!

Aus dem Alten, aus der «Welt» aufzubrechen dieser radikal neuen Zukunft entgegen, einen Sprung zu wagen, der uns weiterträgt als bis auf die nächste Tellsplatte – dazu ruft uns die Botschaft von Karfreitag und Ostern auf.

Schöpfungszeit

schöpfung

am anfang vielleicht: stille
jäh dann: urknall geburtsschrei! und myriaden
    ausschwärmender moleküle
hernach: spiralwirbelnde gase sich zu glühroter
    materie verdichtend
und alsbald: explosionen implosionen zusammen-
    prall blind rasender gestirne vulka-
    nische exzesse
vielleicht dann: im orkan der materie die stille
    mitte und in der stillen mitte gottes
    weisheit
und der erleuchtende blitz
die vision der weisheit: irgendwo im unermess-
    lichen all eine oase des lebens wo
    gespräch und liebe erblühen!

allmählich zwang die schwerkraft die gestirne
    in geregelte bahnen
und es fiel das auge der weisheit
    auf den planeten erde
    der winzig die sonne umkreiste
    feurig und unwirtlich noch
und die weisheit erwählte
    die kleine erde
    zum planeten des lebens
und lustvoll ging sie ans werk:
    das erdfeuer packte sie ein in rundum
    verfestigte kruste
    festland und meere trennte sie voneinander
    und machte die grosse sonne zum kraft-
    werk der kleinen erde
    erste glasige algen entstanden

noch unauffällig begann das zarte wunder des
        flüchtigen atems
        amphibien krochen an land
        aus sümpfen wuchsen bäume empor
        ihren samen trugen winde rund um die
        erde

[...]

(Auszug)

Vermeerung

Angenommen, das Polareis schmölze, das Meer, alle Meere stiegen höher, immer noch höher und kehrten bis zu den Alpen, bis hierher zurück, ihre Wogen schlügen schliesslich über Kaminen und Türmen zusammen – was wird dann aus einer Stadt wie Bern? Ein neues Vineta, dessen Glocken man ab und zu noch vom Meeresgrund läuten hört? Unter Wasser jedenfalls würde der Sandstein der Altstadthäuser und des Münsters allmählich wieder zu Sand. Doch würde das Wasser Friedfertigkeit verbreiten. Es bremst aggressive Bewegungen. Ein Schlag ins Wasser oder im Wasser büsst seine Kraft ein. Armee, Polizei? Könnten vorerst noch mit Schnorcheln tätig bleiben. Was aber nützten sie, sobald in den Schalterhallen, Tresorräumen der Banken Seeigel und Krabben sich einzunisten begännen, Muränen, Rotaugen oder Schuppfische Geschäftshäuser und Wohnungen durchschwämmen? Und inzwischen, wer weiss, stiege der neue Ozean unaufhaltsam weiter empor, über die Alpen und ihre höchsten Gipfel hinaus? Kein Ararat wäre mehr sichtbar, überall Wasser, uferlos, grenzenlos. Anstelle der Menschen avancierten Delphine zur Krone der Schöpfung, zum Ebenbild des Schöpfers, und endlich dürfte auch dieser seinen siebenten Tag, den Sabbat, in Ruhe geniessen.

Menschen und Tiere
Sechster Schöpfungstag I

Und Gott sprach: Die Erde bringe lebende Wesen hervor, Vieh, Gewürm und wilde Tiere, je nach ihrer Art. Und es geschah also. Und Gott machte die wilden Tiere nach ihrer Art und das Vieh nach seiner Art und alle Tiere, die auf dem Boden kriechen, nach ihrer Art. Und Gott sah, dass es gut war. Und Gott sprach: Lasset uns Menschen machen nach unserem Bilde, uns ähnlich! Die sollen herrschen über die Fische im Meer und über die Vögel am Himmel und über das Vieh und über alle wilden Tiere und über alles Gewürm, das auf Erden sich regt. Und Gott schuf den Menschen nach seinem Bilde, nach dem Bilde Gottes schuf er ihn, als Mann und Frau schuf er sie.

1. Mose 1,24–27

Mit dem sechsten Schöpfungstag kommen wir zu den bekanntesten, freilich auch umstrittensten Passagen unserer Schöpfungserzählung. Deshalb wollen wir die Gangart etwas verlangsamen und zunächst nur *einen* Aspekt dieser abschliessenden Schöpfungswerke hervorheben: *die Herrschaft der Menschen über die Tiere.*

Wie wir bisher sahen, hat jede Art von Lebewesen ihren eigenen Lebensraum zugewiesen bekommen: die Gestirne den Himmel, die Wassertiere das Meer, die Vögel den Luftraum. Überschneidungen gab es kaum. Jetzt aber, auf dem festen Land, sieht es anders aus. Hier müssen sich zwei Arten von Lebewesen, nämlich die Landtiere und die Menschen, in ein und denselben Lebensraum teilen.

Damit ist die Möglichkeit von Konflikten gegeben.

Dieser Konfliktmöglichkeit setzt der Schöpfer die Fähigkeit entgegen, Konflikte zu regeln. Diese Fähigkeit und Verantwortung für Konfliktregelungen wird den Menschen verliehen. Das macht unsere besondere Stellung aus, unsere Gottebenbildlichkeit.

Doch jetzt der Reihe nach.

«Und Gott sprach: Die Erde bringe lebende Wesen hervor ...»

Wiederum ist die Erde aktive Mitarbeiterin beim Schöpfungswerk: Nicht Gott erschafft die Landtiere, sondern die Erde ist's, die sie im Auftrag Gottes hervorbringen soll. Wahrscheinlich wirkt hier die Vorstellung der Erde als einer Muttergöttin nach. Jedenfalls wird die Erde nicht als Objekt, nicht bloss als Material betrachtet. Sie ist, auch für die Bibel, doch eher eine Mutter als nur eine Sache, die wir beliebig beherrschen und ausbeuten dürfen. Einer Mutter gebührt Respekt, Rücksicht, Zärtlichkeit, sie ist weder Herrschafts- noch Ausbeutungsobjekt. Folglich haben auch die erdnächsten Geschöpfe, die Tiere, einen Anspruch auf ähnlich liebevollen Respekt.

Dann aber ist's, als wolle der Erzähler klarmachen, dass dennoch nicht eine Muttergöttin Erde, sondern der eine und einzige Gott alles ins Leben ruft. Deshalb heisst's bei der Ausführung des göttlichen Entschlusses dann doch wieder: «Und Gott machte ...»

«Und Gott machte die wilden Tiere nach ihrer Art und das Vieh nach seiner Art und alle Tiere, die auf dem Boden kriechen, nach ihrer Art. Und Gott sah, dass es gut war.»

Doch eben: Ihren Lebensraum, die Erde, teilen die Landtiere mit uns Menschen. Die Regelung der hier möglichen Konflikte wird den Menschen anvertraut:

«Und Gott sprach: Lasset uns Menschen machen nach unserem Bilde, uns ähnlich! Die sollen herrschen über die Fische im Meer und über die Vögel am Himmel und über das Vieh und über alle wilden Tiere und über alles Gewürm, das auf Erden sich regt. Und Gott schuf den Menschen nach seinem Bilde, nach dem Bilde Gottes schuf er ihn, als Mann und Frau schuf er sie.»

Was bedeutet nun aber: «Nach dem Bilde Gottes»? Man hat herausgefunden, dass diese Formel aus der Königsideologie des Vorderen Orient stammt. So etwa wurden in Mesopotamien und in Ägypten die Könige als «Ebenbild Gottes» bezeichnet. Ihre Gottebenbildlichkeit meinte konkret: Stellvertretung!

Könige galten als Stellvertreter Gottes auf Erden. Hier, in unserer Erzählung, passiert nun plötzlich aber etwas Erstaunliches, Aufregendes: Nicht Könige sollten Gottes Stellvertreter sein, sondern alle Menschen, die Menschheit insgesamt! Die altorientalische Königsideologie wird also aus den Angeln gehoben. Dem Menschen, allen Menschen, werden Rechte zugeschrieben, wie sie bisher nur Könige gehabt hatten! Überraschenderweise entpuppt sich also unsere Schöpfungserzählung als ein frühes, vielleicht das früheste demokratische Manifest! Nicht einzelne Auserwählte oder Begünstigte sind königliche Ebenbilder und Stellvertreter Gottes, sondern *alle* sind es, die Menschheit, die Menschenfamilie insgesamt! Allen werden von Gott die königlichen Rechte und Pflichten der Gottebenbildlichkeit, der Stellvertretung Gottes, zuerkannt! An die Stelle der hierarchischen Stufung von König, Adel, Untertanen tritt die kooperative Gemeinschaft von Mann und Frau: Nach seinem Bilde schuf Gott den Menschen, «als Mann und Frau schuf er sie». Jeder ein König, jede eine Königin! Gesellschaftliche Strukturen, welche Menschen zu Untertanen und Befehlsempfängern degradieren, widersprechen dem Willen des Schöpfers. Dass alle Menschen Ebenbilder Gottes sind, bekräftigt später vollends die Menschwerdung des Wortes Gottes *nicht* im Königssohn einer Haupt- oder Königsstadt, sondern im Sohn eines Zimmermanns im Provinznest Nazareth, von dem die Jerusalemer naserümpfend sagten: «Was kann aus Nazareth schon Gutes kommen?» (Johannes 1,46). In Nazareth lebten Leute ohne Rang und Namen, ohne Einfluss und Tradition. Doch genau das ist das Milieu des Gottes, der unsere Freiheit, der die Freiheit *aller* will!

Zum Königtum, zur Gottebenbildlichkeit gehört Herrschaft. Darum sagt Gott von uns Menschen, von uns allen:

«Die sollen herrschen über die Fische im Meer und über die Vögel am Himmel und über das Vieh und über alle wilden Tiere und über alles Gewürm, das auf Erden sich regt.»

Hier klingt vielleicht die Erinnerung an jene Frühzeit an, wo Tiere noch Feinde und Konkurrenten des Menschen gewesen sind. Indem er sich zunächst gegen die Tiere wehren und durchsetzen musste, hat sich der Mensch als ihr Herrscher bewiesen.

Wiederum ist das Wort «herrschen» der Vorstellungswelt des altorientalischen Königtums entnommen. Dabei darf man nicht an grausame Despoten denken. Im Alten Testament gewährleistete der gute, gottgefällige König gerechte Verhältnisse. Im Sinne des Ausgleichs, des «schalom», wirkte er vor allem als Richter. Im alten Israel fällte ein Richter selten autoritäre Urteile, er war eher ein Schlichter, ein Schiedsmann, der den streitenden Parteien Urteilsvorschläge machte, die ihnen einleuchten sollten. Man denke an das berühmte salomonische Urteil! (1. Könige 3,16–28) Richten ist im Alten Testament nichts anderes als die Wiederherstellung des «schalom», eines friedlichen und befriedigenden Gleichgewichts der Forderungen und Gewährungen.

In dieser Weise des Schalom-Herstellens ist auch die Herrschaft der Menschen über die Tiere zu verstehen. Wo es Konflikte zwischen Menschen und Tieren gibt, weil sie einander in die Quere kommen, soll der Mensch als Schiedsrichter für einen modus vivendi sorgen, der das Gleichgewicht des «schalom» wiederum herstellt, ohne dass dabei ganze Tierarten zugrunde gehen.

So wird dem Menschen das «Herrschen» als Verantwortung für die anderen übertragen, für die Tiere in diesem Fall. Herrschen bedeutet nicht Vergewaltigung, nicht Ausrottung. Herrschen ist hier ausdrücklich verknüpft mit der Gottebenbildlichkeit: Gott herrscht über die Welt, doch er vergewaltigt sie nicht, pflegt vielmehr ihr Gleichgewicht, wo alles mit allem zusammenspielt, und er macht dieses Gleichgewicht niemals kaputt. Genau so sollen wir Menschen mit den Tieren, mit der Schöpfung überhaupt umgehen.

Wir wissen, wie katastrophal diese Verantwortung in ihr Gegenteil pervertiert worden ist, wie katastrophal wir unter den Tieren gewütet haben. Und das geht immer noch weiter. Jetzt beginnt sich da und dort aber Widerstand zu regen. Als

Leser der Schöpfungserzählung sind wir aufgerufen, uns diesem Widerstand anzuschliessen.

Im Evangelium Markus gibt es eine wenig beachtete Stelle. Da wird berichtet, nach seiner Taufe durch Johannes den Täufer sei Jesus 40 Tage in der Wüste gewesen und sei vom Satan versucht worden. Wörtlich heisst es dann: «Und er war bei den Tieren, und die Engel dienten ihm.» (Markus 1,13)

Das macht nachdenklich. Mit Engeln sind Tiere die Gesellschafter Jesu in seiner Einsamkeit. In *einem* Atemzug, in *einem* Satz werden sie nebeneinandergestellt: Tiere, Engel! Sie stören einander nicht, im Gegenteil, sie scheinen gut zueinander zu passen, zwischen ihnen herrscht Friede, Einvernehmen.

Und dann diese Formulierung: «Er (Jesus) war bei den Tieren.» Bevor er aufbrach, um öffentlich zu wirken, war er bei den Tieren! Der Teufel setzt ihm zu, später werden Menschen ihm zusetzen, doch bei den Tieren ist für ihn Zuflucht, ist so etwas wie Heimat, just bei Tieren, die man üblicherweise für gefährlich hält und «wilde» Tiere nennt. So grausam aber wie Menschen ist kein Tier.

«Er war bei den Tieren.»

Von da brach er auf zu uns. So haben wir's in den Tieren, gerade in den Tieren, immer auch mit *Ihm* zu tun.

Verantwortung, nicht Raubbau
Sechster Schöpfungstag II

Und Gott schuf den Menschen nach seinem Bilde, nach dem Bilde Gottes schuf er ihn, als Mann und Frau schuf er sie. Und Gott segnete sie und sprach zu ihnen: Seid fruchtbar und mehret euch und füllet die Erde und macht sie euch untertan, und herrschet über die Fische im Meer und die Vögel des Himmels, über das Vieh und alle Tiere, die auf Erden sich regen. Und Gott sprach: Siehe, ich gebe euch alle samentragenden Pflanzen auf der ganzen Erde und alle Bäume, an denen samenhaltige Früchte sind. Sie sollen eure Nahrung sein. Aber allen Tieren der Erde und allen Vögeln des Himmels und allem, was sich regt auf der Erde, was Lebensatem in sich hat, gebe ich alles Kraut und Gras zur Nahrung. Und es geschah also. Und Gott sah alles an, was er gemacht hatte, und siehe, es war sehr gut. Und es ward Abend und ward Morgen: der sechste Tag.

1. Mose 1,27–31

Ein Mensch ist *kein* Mensch. Das bezeugt auch die andere Schöpfungsgeschichte der Bibel, diejenige nämlich von Adam und Eva. Nach der Erschaffung Adams stellt Gott dort fest: «Es ist *nicht* gut, dass der Mensch allein sei.» (1. Mose 2,18)

Hier, in der jüngeren Schöpfungserzählung (vermutlich aus dem 6. vorchristlichen Jahrhundert), schafft Gott schon gleich von Anfang an Menschen in der Mehrzahl, einen Mann und eine Frau. Von der Kinderzeit bis zum Greisenalter brauchen wir andere Menschen, um selber Mensch sein zu können. Karl Barth formulierte: «Der Mensch ohne den Mitmenschen ist nicht der Mensch, sondern das Gespenst des Menschen.»

Für diese Wahrheit steht hier das Paar von Mann und Frau, ohne dass man daraus schon eine ganze Ideologie der Ehe und der Zweierbeziehung ableiten darf. Es gibt unzählige Beispiele erfüllten Menschseins ohne Ehe, auch ohne Zweierbeziehung, so wie es unzählige Beispiele gibt für unerfülltes, für unglückliches Menschsein *in* der Ehe, *in* Zweierbeziehungen. Die Palette menschlicher Gemeinschafts- und Beziehungsmöglichkeiten ist mannigfaltig; die Paarbeziehung ist *eine* dieser Möglichkeiten.

Allerdings: *den* Menschen gibt es nicht. Konkret gibt es Frauen und Männer. Zudem hatten der erste Mann und die erste Frau die Aufgabe, Stammeltern der Menschheit zu werden, entsprechend dem Befehl des Schöpfers: «seid fruchtbar und mehret euch ...!»

Dieser Befehl erging im Blick auf die noch menschenleere Erde. Dass es heute unsinnig wäre, weiterhin eine uneingeschränkte Fruchtbarkeit zu propagieren, versteht sich von selbst. Gegen Geburtenkontrolle und Familienplanung ist nichts einzuwenden, im Gegenteil. Dennoch sind sie nicht, wie manche meinen, ein Allheilmittel. Die Hauptursache der Bevölkerungsexplosion ist, wie man in der Dritten Welt feststellen kann, die Armut. Je höher der Wohlstand, desto mehr stabilisiert sich eine Bevölkerung. Gerade die Armut aber wächst weiter als Folge eines Weltwirtschaftssystems, das die armen Länder noch ärmer macht, aber auch als Folge der schlechterdings irrsinnigen Summen, die in unproduktive Rüstung gesteckt werden.

In der Sprache unserer Schöpfungserzählung heisst das: Wir haben vergessen, dass wir «nach dem Bilde Gottes» geschaffen sind. «Bild Gottes» ist nicht der für sich selbst lebende Mensch, sondern erst derjenige, der für andere da ist, mit anderen solidarisch wird, so wie eben Mann und Frau füreinander da und miteinander solidarisch sind.

Wenn diese Solidarität nicht mehr spielt, so dass die einen immerzu reicher, die andern immerzu ärmer werden, kommt die Welt aus dem Gleichgewicht – auch aus dem Gleichgewicht der Bevölkerungszahl.

Darum hat der Reichste, nämlich Gott, Partei ergriffen für die Armen und ist Mensch geworden im Kind armer Leute, in einem Land der Dritten Welt.

Doch zurück zu unserer Erzählung, wo Gott den ersten Menschen sagt:

«Seid fruchtbar und mehret euch und füllet die Erde und macht sie euch untertan, und herrschet über die Fische im Meer und die Vögel des Himmels, über das Vieh und alle Tiere, die auf der Erde sich regen.»

Da stehen sie nun also, diese verhängnisvoll gewordenen Worte: «Machet euch die Erde untertan!»

Aus dem Zusammenhang ergibt sich aber: An eine schrankenlose Verfügungsgewalt der Menschen über die Schöpfung ist nicht gedacht. Das ist erst viel später in diesen Satz hineingetragen worden, z. B. aufgrund des römischen Rechts, für welches die Natur eine Sache ist, nicht etwas Lebendiges. Über eine Sache kann man verfügen. Die Römer und ihr bis heute nachwirkendes Recht haben deshalb das private Eigentumsrecht an der lebendigen Erde, an Grund und Boden, zu einem obersten Prinzip gemacht – eine Auffassung, die fast allen Völkern ursprünglich fremd war. Auch im alten Israel gehörten Grund und Boden Gott und waren nicht ein beliebig verfügbares, beliebig käufliches oder verkäufliches Eigentum, keine Sachen also.

Vollends verhängnisvoll war, dass in der Zeit der Weltentdeckung und Weltbemächtigung durch die Europäer der Philosoph Descartes alles Nicht-Menschliche zu toten Dingen degradierte: «Ich denke, also bin ich», hat Descartes bekanntlich gesagt. Da er in der Natur und bei den Tieren kein solches Denken glaubte feststellen zu können, hat er alle aussermenschlichen Wesen und die Natur insgesamt für seelenlos, für leblos gehalten. Tiere z. B. waren für ihn Maschinen ohne Seele. Bald haben europäische Eroberer andersfarbige Menschen anderer Kontinente ebenfalls für Tiere, für seelenlose Wesen gehalten, die man zähmen muss und ausbeuten darf.

Ich vereinfache, ich weiss. Der Weg, der zur Verdinglichung der Natur und zur blinden Verfügungswillkür des weissen Mannes über die Welt geführt hat, war lang. Sein Resultat aber bleibt der Weltraubbau, die Weltzerstörung, vor der wir jetzt erschrecken.

Keinesfalls darf man diese Entwicklung nun aber dem biblischen Satz anlasten: «Machet euch die Erde untertan!»

Im Zusammenhang unserer Erzählung bedeutet dieser Satz zweierlei:

1. Es wird dem Menschen erlaubt, Ackerbau zu treiben. Mit «Erde» ist nicht der Globus gemeint, sondern der Boden unter den Füssen des Menschen, der hebräisch «adam» heisst, abgeleitet von «adamah», was «Erde» bedeutet. Adam, der Erderich, bekommt die Erlaubnis und den Auftrag, die Erde zu beackern.

Und 2. ist mit «untertan machen» die sorgende, pflegende, auch schiedsrichterliche Herrschaft über die Tiere gemeint, von der wir zuvor hörten. An Tiertötung zum Zweck der Nahrungsbeschaffung ist dabei (noch) nicht gedacht, dem Menschen wird pflanzliche Nahrung zugewiesen.

«Und Gott sprach: Siehe, ich gebe euch alle samentragenden Pflanzen auf der ganzen Erde und alle Bäume, an denen samenhaltige Früchte sind. Sie sollen eure Nahrung sein.»

Das heisst: Der Mensch soll Getreide und Baumfrüchte essen, Pflanzen also, die des Anbaus bedürfen. Den Tieren dagegen wird als Nahrung Kraut und Gras zugewiesen, Pflanzen also, die von selber nachwachsen und keines Anbaus bedürfen:

«Aber allen Tieren der Erde und allen Vögeln des Himmels und allem, was sich regt auf der Erde, was Lebensatem in sich hat, gebe ich alles Kraut und Gras zur Nahrung. Und es geschah also.»

Mit dieser verschiedenen Nahrungszuweisung versucht der Schöpfer, einem möglichen Kampf zwischen Menschen und Tieren um die Nahrung vorzubeugen. Tierjagd, Tierschlachtung, tierische Nahrung kommen erst auf nach der schuldhaft verursachten Katastrophe der Sintflut.

Hören wir also auf, uns für globalen Raubbau, für globale Zerstörungen auf den Satz zu berufen: «Machet euch die Erde untertan!» Dieser Satz enthält einzig die Erlaubnis, Ackerbau zu treiben, und dazu den Auftrag, fürsorglich die Verantwortung für die Tiere zu tragen.

Ein Hinweis noch zum Schluss: Stets deutlicher zeigt sich, dass die zerstörerische Ausbeutung der Natur Hand in Hand geht mit der zerstörerischen Ausbeutung von Menschen und

Völkern. Die Kriegführung gegen die Natur und die Kriegführung der Menschen gegeneinander sind zwei Seiten ein und derselben Medaille. Heute sagen immer mehr Frauen, beides habe etwas zu tun mit einer Denkweise und Zivilisation, die von männlichen Vorstellungen geprägt worden sind. Christliche Frauen doppeln nach mit der Feststellung, auch die bisherige Gottesvorstellung sei ja einseitig männlich gewesen, d. h. vor allem herrscherlich, unterwerfend, erobernd.

Hier, am Anfang der Bibel, steht es anders: Nach seinem Bild habe Gott den Menschen geschaffen, «als Mann und Frau schuf er sie». So ist also auch Gott Mann *und* Frau, Vater *und* Mutter. Wir jedoch haben gerade das Weibliche aus Gott herausgelöst, haben es verdrängt und uns einem männlichen Befehlshaber- und Kommando-Gott unterworfen, zum Schaden unserer Seelen, zum Schaden unserer Erde. Die Art, wie wir an Weihnachten das Kind in der Krippe und seine Mutter feiern, ist oft nur eine kümmerliche und erst noch folgenlose Kompensation für die jahraus jahrein verdrängte Weiblichkeit Gottes.

Umso heller leuchtet die Vision dieser Schöpfungserzählung: Gott ebenso weiblich wie männlich, Gott als Integration und Versöhnung! Kein Eroberer, kein Unterwerfer, vielmehr Schöpfer und Schöpferin, Befreier und Befreierin – Gott als Liebe.

Leihgabe

Alle Jenseits-Ausmalungen lassen unberücksichtigt, dass Jenseits stets auch bedeutet und besagt: jenseits des Ichs. Ausgemalt wird eine jenseitige Welt, als wäre sie immer noch diesseitig und vom sterblichen Ich so erlebbar, wie wenn dieses mit eins unsterblich und ewig geworden wäre.

*

Unsterblich, ewig ist aber Gott allein. Deshalb hütet sich z. B. das erste Testament davor, Menschen-Ichs ein ewiges Leben in Aussicht zu stellen. Und das zweite Testament? Auch es kennt nur die Unsterblichkeit und Ewigkeit Gottes. Der Wunsch nach Verewigung des Ichs, einst im Hellenismus und jetzt von neuem im Spätbürgertum zum Kern der Religiosität gemacht, bleibt ihm fremd. Wünsche dieser Art hat Jesus zurückgewiesen oder ad absurdum geführt (Matthäus 18,1–3; 22,23–35).

*

Das Ich ist Leihgabe. Der Tod beendet die Leihzeit. Wir werden das Ich wieder hergeben – *Ihm* hergeben – müssen. Deshalb die zweittestamentliche Rede von einer radikalen Diskontinuität, ausgedrückt in der Formel: Tod und Auferstehung resp. Auferweckung. Abbruch also und Neuschöpfung, kein «Weiterleben», keine Kontinuität auf menschlicher Seite! Kontinuität ist allein auf seiten des «Ich bin / Ich werde (da) sein».

*

Wer oder was wird auferstehen resp. auferweckt werden? Nicht das Ich jedenfalls, sondern – unfassbar, unverschämt materiell sogar – das Fleisch, der Leib: Auferstehung / Auferweckung des *Fleisches*, des *Leibes*! Was soll das heissen? Wer kann das – und auch die Auferstehung Christi – verstehen? Ich jedenfalls nicht.

*

Im Vergleich zu gängigen Vorstellungen aber: Was für eine unkonventionelle, kühne Behauptung! Was für ein heiliger Materialismus! Und welch unerwartete Aufwertung des Leibes, des Körpers? Nichts also von «Unsterblichkeit der Seele». Ist Seele denn etwas anderes als das Leben des Leibes? Weshalb der fromme Friedrich Christoph Oetinger einst den Kronsatz prägte: «Leiblichkeit ist das Ende der Werke Gottes.»

*

Gottes Weltleidenschaft: auf Materie, auf Leiblichkeit gerichtet, ihnen immer neue Formen, Gestaltungen erfindend, dem Leben durch das Sterben neue Möglichkeiten und Varietäten öffnend. Zu erklären, zu begreifen ist diese Welt- und Formenleidenschaft nicht. Sie ist aber da. Uns bleibt das Staunen.

Erwählter Planet

1

Gott: nicht irgendwo.
Nicht irgend anderswo.
Kein Etwas.
Nicht besitzbar.
Unter uns.

Sagt der Galiläer.

2

Auf diesem Planetchen,
wo in Jahrmillionen Leben gelang,
wo gesprochen wird
im rundum schweigenden All,
wo Liebe, das Wunder,
einzigartig geschieht,
wo Erdgesetze (physikalisch, chemisch usw.)
zur Wiege wurden
kreatürlicher Freiheit:
Lilien erblühen im Feld,
Vögel fliegen am Himmel,
Worte von Mund zu Mund.
Kranke finden Pflege,
Menschenrechte heben ihr Haupt,
Tierrechte, Pflanzenrechte allmählich auch.

3

Draussen jedoch:
Explosionen, ungeheuer!
Vulkanische Exzesse.

Atomare Spektakel.
Löcher im All.
Gestirne, die aufeinander prallen.
Wer fasst's?
Hier aber,
nach vorzeitlicher Sintflut,
die Perlmuttbrücke, der Regenbogen –
Siegel einer Güte,
die Leben verspricht
für die nächsten paar tausend Jahre.
Und auch, denke ich,
der Wunsch der geselligen Gottheit,
ein pied-à-terre unter uns haben,
ein pied-à-coeur dazu.

«Wisset ihr nicht,
dass ihr Gottes Tempel seid?» (1. KORINTHER 3,16)

4

«Erwählung» – ob ein solches Wort
wohl noch Vernunft hat, noch Sinn?
Nach so viel Vernichtungsorgien
von Menschen, von Völkern,
die sich erwählt glaubten,
denke ich eher: Nein.
Es wäre denn,
wir wollten unter Erwählung verstehen,
dass Pflanzen, Tiere, Menschen,
dass alles, was lebt,
dazu ausersehen ist,
auf diesem kleinen Planeten
eine Vergänglichkeit lang
atmen, lieben, sich tummeln zu dürfen.
So: ja.
Nur so.

Ich stelle mir vor: auch
der Erdmatriot aus Nazareth
hätte das Wort Erwählung
nicht anders brauchen mögen.

Planet des Lebens

Im bisher beobachteten, teilweise auch erforschten Weltall haben sich, soviel ich weiss, da und dort auf Gestirnen zwar Spuren einstiger Wasservorkommen und Vegetationen, nirgends jedoch Lebewesen feststellen lassen. Was kann daraus gefolgert werden? Dies zum Beispiel: Das in vielerlei Formen auf der Erde vorhandene Leben ist ein kosmischer Solitär. Deshalb hat das ewige Schweigen der unendlichen Räume Pascal einst tief beunruhigt, ja erschreckt.

*

Man kann die kosmische Einsamkeit des irdischen Lebens und damit ebenfalls der Menschen auch anders sehen, nämlich so: Wir leben als Privilegierte auf einem privilegierten Planeten. Dies würde selbst dann noch gelten, wenn eines Tages auf einem weit, weit entfernten Gestirn Leben oder sogar Lebewesen entdeckt würden, die ähnlich privilegiert sind.

*

Vermitteln die mythologischen Erzählungen von einem einst irdischen Paradies vielleicht - und sozusagen im Subtext - eine Ahnung davon, was geschöpfliches Leben auf unserem privilegierten Planeten sein könnte? Da es ein irdisches Paradies wohl aber nie gegeben hat, scheint es sich bei den Erzählungen von ihm um Utopien zu handeln. U-topie bedeutet NichtOrt oder Noch-nicht-Ort, etwas, das noch nicht geerdet, irdisch verwirklicht worden ist.

*

Der ostkirchliche Kirchenvater Johannes Chrysostomos (354–407) soll gesagt haben: Aus dem Paradies hat Gott den Menschen noch einige Dinge belassen, nämlich die Sterne des Himmels, die Blumen des Feldes und die Augen der Kinder. In seinem Versepos «Paradise Lost» nennt John Milton (1608–1674) eine weitere Hinterlassenschaft des Paradieses, die dem Asketen Chrysostomos versagt geblieben war: Die Liebesumarmung, die Liebende «einparadiest». Als Planet des Lebens ist die Erde zugleich der Planet der Liebe und als solcher erst recht von kosmischer Einzigartigkeit.

*

In der biblischen Vision des kommenden Reiches Gottes leben paradiesische Elemente und Bilder weiter (z.B. Jesaja 11,1–10). Doch nun wird der verlorenen Heils- und Lebensfülle nicht nachgetrauert, sie wird vielmehr von Gottes zukünftigem Gnadenhandeln erhofft, erwartet. Meistens haben Paradies-Vorstellungen eine liebenswerte Tendenz zu idyllisierender Naivität. Anders der visionäre Diskurs vom kommenden Reich Gottes, entwickelt er doch politische und soziale Perspektiven auf eine Zukunft hin, da Gott als Liebe und Gerechtigkeit alle Lebensbeziehungen durchwalten wird. Politisch ist allein schon der Begriff «Reich» (wörtlich ‚Königsherrschaft.) Gottes. Das haben in England seinerzeit jene Anhänger Cromwells realisiert, die die Bitte «Dein Königreich (Kingdom) komme», neu beteten: «Deine Republik komme». Warum auch nicht? Wenn das Reich Gottes kommt, werden bisherige politische Kategorien und selbst der Begriff «Herrschaft» sich verflüchtigen, da Gott alles in allem (1. Korintherbrief 15,28) geworden ist.

*

Selbst abgesehen jedoch von so überwältigenden, fast schon zu gewaltigen Visionen und Perspektiven, jedenfalls für unser kleines Glaubens- und Denkvermögen, bleibt es wahr: Die im weithin lebenslosen All vergleichsweise winzige Erde ist als Träger des Lebens ein privilegierter, wenn nicht gar ein erwählter Planet. An uns ist es, alles, was lebt, in welcher Form auch, zu hegen, zu pflegen, zu bewahren und zu entfalten. Das sagt sich leicht, muss aber dennoch gesagt werden in einer Zivilisation, die zunehmend zerstörerischer wird und so unser Privileg oder unsere Erwählung zu verspielen droht.

Herbst

liebeskalender

september

müsste wollust um vollkommen zu sein
nicht mit dem gaumen
des anderen schmecken können?
goldlichtreflexe spielen
pfiffig im laubgrün

oktober

... wie der bischof der zugvogelkirche
 zur prozession der springenden punkte
verlautbaren liess: «wann endlich
lernt ihr ohne leichentuch leben?»
orioniden durchschweifen die nacht

november

die blätter lassen sich gehen
grabfeuchte dämmerung mahnt
uns aber bleibt «tod»
noch immer ein wort ratlos
vom leib buchstabiert

herbstsonne

nicht neu die sonne
nichts neues unter der sonne
frühherbst noch
spätherbst bald
ein wespentanz rund
um kamillen
das obst
fällt vom baum
nichts neues –
aber die sonne

herbst

ein bekannter hat heute
von den vögeln
in seinem garten erzählt

morgen in einer sitzung
soll ich eine meinung vertreten
die ich schon nicht mehr habe

in letzter zeit
laufen meine überzeugungen
wortlos davon

tant pis und gut so:
dafür wächst meine freude
an nüssen

Herbst

1

Erdnäher die Sonnenbahn. Länger, dunkler die Schatten nun, Hügel, Häuser so sinnlich wie nie sonst modellierend. Im Hintergrund sperren blaue Bergzacken das Tal ab, von dessen Alpflanken Gleitschirme luftig und leicht herniederschweben. Nur wenig Geräusche. Einmal ein dumpf nachhallendes Hämmern, einmal das Geknatter eines Motors. Plötzlich dann, weit weg, ein Flintenschuss, die Jagd hat begonnen. Unterbrechungen, die die Stille erst recht spürbar machen, als milden Vorwurf auch an die eigene Unruhe.

Weil der Kopf nicht gut genug verarbeitet, was ich sehe, fallen mir fortzu Gesprächsfetzen ein, die mit dem, was vor Augen ist, nichts zu tun haben. Etwa: Ich lebe ewig!, prahlt P.. Unsinn, rufe ich. P. schnauft, überlegt. Dann räumt er ein: Genauer gesagt, ich lebe, *als ob* ich ewig lebte. Von mir aus, sage ich, so leben die meisten. Was soll aber derlei Geschwätz im Kopf? Vor Jahren schon ist P. gestorben.

Laubbäume, finalfarbig leuchtend, schon durchlichtet, die Blätter lassen sich gehen. Am heitersten, scheint mir, entlauben sich die Ahorne. Immerfeucht das Gras jetzt.

Ein Abbé, bald hundertjährig: «Je suis prêt, mais pas pressé.»

2

Überall nimmt alles überhand. Je zerstörter unsere Sinne, desto sinnloser wird zerstört. Weder essen noch trinken noch Liebe machen bleibt heute, falls einem am Weiterleben gelegen ist, ohne Vorsichtsmassnahmen möglich.

Man muss hoffen, höre ich sagen: Ein Tonband, das man endlos abspielen lässt, um unsere Unfähigkeit zur Lebens- und Verhaltensumkehr munter zu übertönen (im Auto womöglich).

Zornig sind die Winde geworden, schlagen Schneisen in Wälder, werfen Schornsteine um, tragen Dächer ab – vorapokalyptische Reiter? Nicht doch, sagst du, Herbststürme wie immer.

«Ein ungeheurer Zweifel flattert über den Himmel.»
(Alfred Mombert)

3

Nebel, jeden Tag mehr, jeden Tag länger. Auf der Strasse spricht mich unversehens F. an. Doch mag ich nicht angesprochen werden. Nicht jetzt. Nicht plötzlich. Nicht von F.. Gebe mich also eilig, hüstle mit Nachdruck, murmle etwas von ekligem Nebel. Verständniswillig nickt F., geht seines Weges. Nach wenigen Schritten schon wallt in mir aber Rührung auf, dass er a) mich so freundlich angesprochen hat und b) meine Ich-bin-eilig-Lüge so bereitwillig geglaubt hat.

Der nicht mehr weichende Nebel lässt die Leute hastender, huschender gehen. Mehr als zwischen vier Wänden fühlt man sich jetzt im Freien beengt und beklommen.

Die Atemwege beschlagen sich feucht. Früh schon dunkelt's. Kleinlaut versinkt die Stadt, ein Vineta auf dem Grunde des Nebelmeers.

Auch auf dem Land: Nebelwiesen, Nebelbäume, Schattenwelt. Dumpf und wie ortlos Glockengeläute. Schwer zu glauben, dass tief in den Wurzeln sich insgeheim schon der neue Frühling vorbereitet.

Stillgelegt

Bahnstationen, verlassen, geräumt. Einst kamen hier Menschen an oder verreisten, wenn auch oft bloss zum Schul- oder Arztbesuch in die nächste Kleinstadt. Ab und zu gab's einschneidendere Abschiede, bewegende Begrüssungen, wenn beispielsweise die Musikgesellschaft oder der Turnverein kranzgeschmückt von einem kantonalen oder eidgenössischen Wettbewerb zurückkehrten. Es konnte auch der Männerchor sein. Oder die Feldschützen. Nur der Kirchenchor sang nirgends um die Wette und begab sich dadurch der Möglichkeit, festlich empfangen zu werden. Vorbei alles. Die Gebäude verwahrlosen. Klebriger Staub bedeckt die Stellwerke. In den kleinen Schalter-und Wartesälen breiten sich Spinnweben aus.

Zwischen Schienen auf schottrigem Bahndamm gehend. Der Schwellenabstand bestimmt den Schrittrhythmus. Aufgeschreckt durch Luftvergiftung und Klimaerwärmung versprachen Politiker und Planer vor kurzem noch, den Bahnverkehr zu fördern, den Strassenverkehr zu drosseln. Ist die Luft inzwischen gesünder, der Treibhauseffekt unbedenklich geworden? Jedenfalls haben dieselben Politiker und Planer damit begonnen, regionale Bahnstrecken stillzulegen, deren Verkehr zurück auf die Strassen zu zwingen.

Schotterbett, Lotterbett. Ungeniert spriessen Gräser, wuchern Kräuter. An der Dammböschung arbeitet Gesträuch sich langsam empor. Da oder dort decken Efeuteppiche Schienen und Schwellen zu. Noch aber atmen Schienengänger Eisengeruch.

Alles Vollkommene ist leise. Eine Eidechse zum Beispiel.

Reisen

Lebensreise – doch wir sind unsicher geworden, wohin die Reise gehen wird. «Pilgrim's Progress» ist aus den Bücherregalen verschwunden: John Bunyans allegorische Darstellung des menschlichen Lebens als einer Wallfahrt, die durch Anfechtungen hindurch in den Himmel, zu Gott, führt, und damit die Bewegung von Hebräer 13,14 nachvollzieht: «Denn wir haben hier keine bleibende Stadt, wir suchen aber die zukünftige.» Dass Bunyans «Pilgerreise» nach 1678 in der christlichen Welt das nach der Bibel am weitesten verbreitete und meistübersetzte Buch werden konnte, zeigt, wie genau es ein damals und noch während langer Zeit vorherrschendes Lebensgefühl ausdrückte.

Im klassischen Latein bedeutete «peregrinari» umherreisen, in der Fremde sein und dort selber fremd sein. Dem entsprach zuletzt noch Stefan Georges «Aufschrift» zu seinen «Pilgerfahrten»: *also brach ich auf / und ein fremder ward ich ...»* Im späten und mittelalterlichen Latein erlangten peregrinari, peregrinatio, peregrinus zusätzlich die Bedeutungen «wallfahren, Wallfahrt, Wallfahrer» oder, nunmehr, die späten L-Formen pelegrinari, pelegrinatio, pelegrinarius ins Deutsche überführend, «pilgern, Pilgerfahrt, Pilger».

Pilgern, einst also eine sakrale Variante des Reisens, die zumal Leuten, die weder als Krieger noch mit Handelsware unterwegs waren, eine Reise über den eigenen Siedlungsbereich hinaus ermöglichte. Längs vielbegangener Pilgerrouten konnte sich alsbald eine Infrastruktur von Gasthäusern, Pferdestationen, Märkten entwickeln, Vorform der heutigen Tourismusindustrie.

Bereits Hieronymus, seit 386 in Bethlehem lebend, klagte über die Wallfahrtsstadt Jerusalem: «Wenn die Stätten der Kreuzigung und der Auferstehung nicht in einer grossen Stadt mit Dirnen, Schauspielern, Possenreissern usw. wären, dann würde eine solche Stadt die Sehnsucht aller sein.» Doch wie, wenn manche Pilger Jerusalem just *wegen* dieser Attraktionen aufgesucht hätten? Wenn sie hierher wie später nach Rom und anderen Pilgerzielen gekommen wären, um nebenbei «etwas zu erleben»? Anzunehmen jedenfalls, dass das Wallfahrtswesen stets auch von wenig frommen Absichten mitgenährt war, vielleicht zum Verdruss, aber auch zum materiellen Gewinn der Kirche, die lange die grösste Reiseunternehmerin war.

Einzelne Kirchenväter und mittelalterliche Theologen hatten die Wallfahrerei schon immer kritisiert. Der Protestantismus wollte von ihr endgültig nichts mehr wissen, angewidert von Missbräuchen, vor allem aber eingedenk der in Johannes 4,24 verkündeten Ubiquität Gottes: «Gott ist Geist, und die ihn anbeten, müssen ihn in Geist und Wahrheit anbeten.» Der Heiligenverehrung setzte die Reformation die Heiligung von Familie und Arbeit, der Wallfahrerei sesshafte Häuslichkeit entgegen. Dennoch scheint sich auch unter Protestanten heute wieder ein Bedürfnis nach leibhaftigem Aufbruch aus täglicher Banalität und Gewohnheit zu regen, neuen spirituellen Erfahrungen entgegen, die das ziellose Dahinleben vielleicht doch wieder, wenn auch anders als bei Bunyan, in einen «Pilgrim's Progress» verwandeln könnten. Die zahlreichen «Pilgerfahrten» nach Israel, nach Assisi, nach Santiago de Compostela scheinen, über das bloss Modische hinaus, etwas von diesem neuerwachten Bedürfnis zu verraten.

Eines will, wer reist, auf gar keinen Fall: enttäuscht heimkehren! Höchst selten hört man das Eingeständnis, die getane Reise sei enttäuschend ausgefallen. Ein Abwehrreflex im Blick auf die Lebensreise, die erst recht nicht zum Flop werden darf? Darum tut gut daran, wer ein böses Omen nicht zulässt, indem er jede Reise zu einer gelungenen macht, selbst wenn sie in Wahrheit enttäuschte.

Die Mobilität, das häufige Reisen haben die Kraft des Lebensreise-Symbols allerdings nicht verstärkt, sondern geschwächt. Oft scheint es, als müssten Reise- und Urlaubsziele das Fehlen von Lebenszielen wettmachen. Oder wurde Reisen mittlerweile so mühelos, so komfortabel und beliebig, dass es nicht mehr symbolfähig ist?

Warum überhaupt reisen? Nicht zuletzt, die Werbung weiss es, treibt uns ein Bedürfnis nach *mehr* Schönheit, nach *anderer* Schönheit, insgeheim vielleicht nach einer *nicht mehr überbietbaren* Schönheit in die Ferne. Neapel sehen und dann sterben, hiess es einst. Noch immer sagen wir «zum Sterben schön». Ist es das, was wir suchen?

Reisen, um Neues zu erleben. In die Fremde reisen, um uns selber neu zu er-fahren. Wozu jedoch in die Fremde? Ist hier und in mir nicht Fremde genug? Im Orient, ebenso bei Indianern, «verreist» man mittels sakraler Drogen seit altersher in die eigene Fremde, die als eine *heilige* erfahren wird.

«Heilige Fremde», bei Hölderlin eine Chiffre für Transzendenz. Vermutlich sind Reisen insgeheime Versuche, sich selbst zu transzendieren, nicht bloss äussere, sondern auch innere Grenzen zu überschreiten. Das unvermeidliche Scheitern solcher Versuche erinnert erst recht wieder an die Lebensreise, an deren letzte Passage oder Grenzüberschreitung.

Reisen heisst heute Tourismus, Massentourismus, Lärm auf alle Fälle. Mit Lärm vertrieb man einst böse Geister. Nun ist der Lärm selbst zum bösen Geist geworden, der die Stille in immer entlegenere Gegenden vertreibt, bis Touristen auf ihrer Lärmflucht dort ebenfalls lärmend einfallen.

«Das Verschwinden der Stille muss zu den Vorzeichen des Endes gezählt werden.» (E. M. Cioran) Der sumerischen Mythologie zufolge ist die Sintflut von den Göttern seinerzeit ausgelöst worden, weil die Menschen zu viel Lärm machten.

Wann also wird endlich ein Ministerium zur Förderung der Langsamkeit, der Stille und des Stillhaltens geschaffen? Ohnehin wird man, um der Nachwelt willen, Mobilität und Reisen eines Tages rationieren müssen.

Ewigkeitssonntag

dahingehen

alt sein
kleiner werden
erdwärts wachsen
dahingehen
unter die erde kommen
ruhe finden
bei wurzeln sein
kein ohr mehr haben
die stimme hören

was wird kommen?

kommen wird die nacht
    gemüt und gehaben gewinnen kenntlichkeit
kommen wird der schlaf
    allein noch mögliche rückkehr zur natur
kommen werden träume
    der umgang mit mutierten vergangenheiten
kommen wird der morgen
    die verwunderung nur wenig verändert noch immer
    vorhanden zu sein
kommen wird die zeitung
    wirbel und wahn vom lay-out geordnet
kommen werden umbrüche krisen
    kaffeesatz und börse liefern nur ungenaue prognosen
kommen wird soziale kälte
    still auf der lauer liegt der barbar im eigenen herzen
kommen werden bessere zeiten
    für wen aber? und für wen eher nicht?
kommen wird der briefträger
    vielleicht mit einer schon nicht mehr erwarteten botschaft
kommen wird der kehrichtwagen
    müllsack um müllsack fliegt hinein
kommen wird der leckschutzgerätkontrolleur
    mit elektroprüfer und schraubenzieher
kommen werden mancherlei leute
    unsicher oft/unbedingt immer: irreduktibel auf eigenes
kommen werden gesichter
    schutzlos nackt und elementar
kommen werden tage
    da kein gesicht sich zeigt
kommen werden zeiten
    wo kein körper den deinen berührt
kommen wird leere
    ataraktischer stillstand acedia animi

kommen wird der wahre jakob
    der den panzer der lebenslügen abbricht
kommen wird das ganz andere
    doch ohne spektakel wie unter der hand
kommen werden winde
    die nichts und niemand aufhalten kann
kommen werden wolken
    beladen mit meer
kommen wird regen
    von dessen rauschen ein grosses schweigen ausgeht
kommen wird schnee
    der alle spuren tilgt

Götze Ewigkeit oder Ewigkeit Gottes?

Worin, unter anderem, unterscheidet sich Gott von seinen Geschöpfen? Durch seine Ewigkeit. So lehrt die Theologie seit jeher: Wir sind zeitlich, er ist ewig,

Genau genommen kann «ewig» als Eigenschaftswort nur Gott beigeordnet werden und ist das Hauptwort «Ewigkeit» ein anderes Wort für Gott. Löst man dieses Wort von Gott und verselbständigt es, so wird ein Götze daraus. Chesterton hat diese verselbständigte Ewigkeit einprägsam apostrophiert: «Ewigkeit, der grösste der Götzen, Gottes gefährlichster Konkurrent.»

Wissen wir Sterbliche überhaupt, was Ewigkeit ist? Wir wissen es nicht, können es nicht wissen. Darum wird so viel über sie spekuliert. Dennoch entzieht sie sich unserem Denken stets von neuem und bleibt, was sie ist: ein Geheimnis der göttlichen, nicht der menschlichen Existenz.

In der Regel haken unsere Gedanken denn auch nur an einem bestimmten Punkt ein, an dem für uns schmerzlichsten, nämlich an der Tatsache, dass wir sterben müssen. Ewigkeit wird so zur Unsterblichkeit. Ach, wir möchten doch so gerne unsterblich statt sterblich sein! Was diese Unsterblichkeit sein soll, bleibt freilich unklar. Der Dichter Dr. Owlgass reimte:

> «Unsterblichkeit? Ich schätz' sie hoch,
> wird sie nur recht verstanden:
> man lebt so weiter und ist doch
> gottlob nicht mehr vorhanden.»

Oft steht hinter dem Wunsch nach Unsterblichkeit die blanke Unverschämtheit des Ego, das eben doch so sein möchte wie Gott selbst: «Oh, krüpplichte Unsterblichkeit, die unser jämmerliches Ich, mit all seinem Unrat, so dünn und kläglich, ins unendliche fortspinnen möchte!» (Arno Schmidt) Und tatsächlich legt die Bibel solcher Unverschämtheit des Ego gleich wieder einen Riegel vor mit der Feststellung, dass Gott allein Unsterblichkeit hat (1. Timotheus 6,16)

Unsterblichkeit ist jedoch nur ein und vielleicht nicht einmal der wichtigste Aspekt der Ewigkeit. Wie denn überhaupt alle quantitativen Vorstellungen (endlos, unbegrenzt, zeitlos usw.) das Geheimnis der Ewigkeit banalisieren. Geht es in der Ewigkeit nicht um eine andere *Qualität*? So wie Gott selbst eine andere *Qualität* ist? Noch einmal: «Ewigkeit ist nichts anderes als Gott selbst.» (Thomas von Aquin)

Um ganz persönlich, ganz subjektiv zu sprechen: Ich glaube, dass ich von Gott nicht für die Ewigkeit, sondern für ein zeitliches Leben geschaffen worden bin. Ich halte es sogar für ziemlich unanständig, ewig leben und somit wie Gott sein zu wollen. Ewig Kurt Marti oder ein ewiger Kurt Marti sein zu müssen – unausdenkbar, entsetzlich! Damit wäre ich ja selber zum Götzen, zu Gottes – zwar nicht gefährlichem, aber lächerlichem – Konkurrenten geworden! Ich lebe gern, aber muss es deswegen gleich ewig sein – ewig im Sinne von endlos, nicht mehr aufhörend?

Welches ist denn aber meine Hoffnung hinsichtlich eines «Nachher»? Weil ich gern lebe, möchte ich, dass das Leben weitergeht und andere ebenfalls gern leben können in einer Welt, die lebenswert bleibt. Ein bisschen, wie Ernst Jandl schreibt:

> «wir sind die menschen auf den wiesen
> bald sind wir menschen unter den wiesen
> und werden wiesen, und werden wald
> das wird ein heiterer landaufenthalt.»

Salopp? Vielleicht. Dennoch der Wunsch, die Bitte fast schon, dass die Wiesen, der Wald nicht mit uns, durch uns sterben, vielmehr mit uns, durch uns leben.

Doch zugegeben: Die Verwandlung in das Leben von Erde, Wiese, Baum genügt mir nicht. Zu gerne würde ich – unbescheiden genug! – etwas vom Geheimnis Gottes erfahren dürfen. Also doch Ewigkeit? Ja, aber diejenige Gottes! *Davon* möchte ich noch etwas «sehen» dürfen, wenigstens einen Zipfel, einen Lichtstreifen oder was immer. Und ich stelle mir vor, dass ein solcher Anblick, und wär's nur ein Augen-Blick, genügen würde für immer, dass danach kein Wunsch mehr offen bliebe, kein weiteres Leben noch erstrebenswert, noch sinnvoll wäre. Danach gäbe es nichts mehr, doch wäre dieses Nichts nunmehr ein göttliches, kein nihilistisches.

Ich weiss, ich lasse mich mit solchen Phantasien weit auf die Äste hinaus, zu weit vielleicht, denn alsbald habe ich keine Worte mehr für das, was in mir eine Art Bild ist, wobei allerdings auch «Bild» bereits ein unzulängliches Wort ist, denn dieses Bild ist nicht starr, es fluktuiert, oszilliert und lässt mich so merken, wie wenig ich im Bilde bin.

Dennoch: Falls ewiges Leben eine solche Gewahrung, Berührung von Gottes Gegenwart meint – ob Schau, ob Ekstase oder was immer –, dann ja, dann erhoffe ich es, freue mich darauf! Ein ins Endlose erstrecktes Weiter-Leben in endlos gewordener Zeit – diese falsche Ewigkeit, dieser Götze und Gotteskonkurrent! – hätte für mich dagegen nicht die geringste Anziehungskraft, im Gegenteil, es stiesse mich ab.

In theologischen Begriffen formuliert: Meine Hoffnung ist nicht die Unsterblichkeit, sondern die Auferstehung in jene überwältigende Gegenwart Gottes, von der ich eben zu sprechen versuchte. Mit Unsterblichkeit meint die Überlieferung Unsterblichkeit der Seele, womit dieser Unverderblichkeit endlose Dauer zugesprochen wird. Was immer man unter «Seele» verstehen mag – ich glaube nicht, dass irgendein Teil des Menschen unsterblich ist. Im Tod sterben Körper und Seele – diese Zwillinge! – gleichermassen. Dafür meine ich mich auf die Bibel und das biblische Menschenbild berufen zu können.

Das Alte Testament kennt überhaupt kein «Nachher», kein individuelles Sein nach dem Tode. Das ist umso imponierender, weil mit dieser radikalen Diesseitigkeit bekanntlich eine ebenso radikale Leidenschaft für Gott verknüpft ist.

Das Neue Testament spricht von Auferstehung, Auferweckung – in Analogie zur Auferstehung Jesu – als von einer Auferstehung, Auferweckung des Leibes. Von «Seele» ist in diesem Zusammenhang nicht die Rede.

Ich, ein Unverständiger in diesen Dingen, verstehe das so (weil auch Unverständigkeit nicht ohne Vorstellung auskommt): Einmal noch soll der ganze Mensch der Gegenwart Gottes gewürdigt werden, die in ihrer Qualität und Ewigkeit weit mehr ist als ein seelisches Geschehen, eine Ekstase der Materie vielleicht, ein Zu-sich-selber-Finden gerade der Leiblichkeit: «Leiblichkeit ist das Ende der Werke Gottes» (Oetinger). Und darin eingeschlossen die erfüllte Gerechtigkeit, die auch erfüllte Leiblichkeit ist, so wie Ungerechtigkeit und Elend versagte, vorenthaltene, zerstörte Leiblichkeit sind. Darum bleibt in der Auferstehung des Leibes durchaus das Gericht über diejenigen mitgedacht, die andere an der Erfüllung ihrer Bedürfnisse und Möglichkeiten gehindert haben.

Verstehe ich das alles aber richtig?

Wahrscheinlich nicht. Dennoch scheint mir, was ich weder richtig verstehen noch zulänglich formulieren kann, befriedigender und einleuchtender als jene leichter formulierbaren Vorstellungen, die bloss auf die Endlosigkeit uns bekannter Grössen (Zeit, Leben, Welt) hinauslaufen und – konsequent durchdacht – eher etwas mit einer Hölle als mit dem zu tun haben, was die religiöse Tradition Himmel nennt.

Auferstehung des Leibes also!

Aber sie verschlägt uns nicht nur den Atem, sondern auch das Denken. Wir reden und wissen im Grunde nicht, wovon wir reden. Wir stellen uns vor, was, weil Auferweckung eine Tat Gottes ist, unvorstellbar bleibt, eine «heilige Fremde» (Hölderlin). Vermutlich betrachtet Gott unsere Gedankenturnerei über Zeit und Ewigkeit wie unsereins Kinderzeichnungen anschaut: mit nachsichtiger Grosszügigkeit. Entscheidend sind nicht unsere Vorstellungen übers «Nachher», entscheidend ist das Jetzt – «Rien qu'aujourdhui», nichts als heute (Therese von Lisieux) – und die Einsicht, dass Nichtlieben Tod (schon jetzt), Lieben aber Leben (ewig schon jetzt) ist.

Ewigkeit

1

Der Begriff «Ewigkeit» ist nicht auf dem Boden der Bibel gewachsen. Dennoch geben deutsche Übersetzungen den hebräischen Begriff «Weltzeit» oder «fernste Zeit» mit «Ewigkeit» wieder. Daher die paradoxe Formulierung, Gottes Treue währe «von Ewigkeit zu Ewigkeit».

Auch im neutestamentlichen Griechisch bedeuten «Aion» und «aionos» nicht Ewigkeit und ewig, sondern ebenfalls Weltzeit und weltzeitlich. Eine Übersetzung mit «Ewigkeit», «ewig» kann höchstens in Betracht kommen, falls Gott das Subjekt der Aussage ist.

Dem griechischen «Aion» (lateinisch «aevum») entspricht das mittelhochdeutsche «ēwe», was ebenfalls Weltzeit, Zeitalter, aber auch Lebenszeit (wortverwandt mit «Ehe»?) bedeutete. Aus «ewe» ging schliesslich «Ewigkeit» hervor. Aber noch Stefan George griff archaisierend wieder auf «ewe» zurück, aus Abneigung wohl gegen Kontur- und Zeitloses wie auch gegen unschöne -keit-Endungen.

Wer mag damit begonnen haben, die Ewigkeit *denken* zu wollen? Plato vielleicht? Er hielt die Welt der Ideen, sein Schüler Aristoteles dann aber die stofflich-materielle Energie für ewig.

Neuerdings nimmt man an, am Rande der schwarzen Löcher im All verlangsame die Zeit sich bis zum vollkommenen Stillstand: «Ewig» dauert die letzte Sekunde.

2

Zeit bezieht sich auf Räume und Bewegungen. Worauf bezieht sich Ewigkeit? Auf nichts. Deshalb ist sie der abstrakteste aller Begriffe.

Zunächst und unwillkürlich stellt man sich Ewigkeit als Immer-Zeit, als Vor-Zeit, Nach-Zeit, Parallel-Zeit vor. Schwieriger ist es, von Zeit-Vorstellungen, somit auch von einem Zeit-Kontinuum zu abstrahieren und Ewigkeit als Nicht-Zeit zu denken. Vermutlich ist unser zeitliches Denken sogar unfähig, Nicht-Zeit zu denken. Dennoch geschieht es – viele Zeugnisse sprechen dafür – dass sie aufblitzt (diskontinuierlich!) in Visionen, Epiphanien, im Sátori auch.

Ewigkeit: alles aufs Mal, die Zeit im Ganzen? Oder: das Ganze der Zeit, zurückgefallen hinter deren Ur-Sprung, damit zugleich das Ende, jedes mögliche Ende, hinter sich lassend?

(Das) Nichts wie Gott, Gott wie (das) Nichts? Ah, diese ungeheuerliche Nähe beider! Nichts ist wie Gott, Gott wie Nichts. Und die alte spekulative Deutung (bei Jacob Böhme): Gott schuf die Welt aus dem Nichts, das er – in Differenz zum geschaffenen Sein – selber ist.

Dergleichen Spekulationen sind der Bibel so fremd wie die Schöpfung «aus dem Nichts». Doch auch biblisch gilt: Gott Ohnbeginn, Gott anders-als-Zeit, Gott anders-als-Sein. Zu dieser Ewigkeit *Gottes* gehört jedoch stets auch die Freiheit, sich auf Zeit und Sein einzulassen: Gott Weg-der-wird inmitten der geschaffenen Zeit, des geschaffenen Seins.

So arbeitet sich das rationale Denken vorwärts, taumelnd oft, bis zur cusanischen Mauer, zur coïncidentia oppositorum, dem Zusammenfall der Gegensätze. Erst dahinter ...

Berge sind nicht ewig.
Meere sind nicht ewig.
Die Erde ist nicht ewig.
Gestirne sind nicht ewig.
Das All ist nicht ewig.
Nichts ist ewig,
nichts dazu bestimmt, ewig zu sein.
Auch ich nicht, auch du nicht.
Kein Ich ist ewig.
Kein Denken ist ewig.

Kein Glaube ist ewig.
Alles kommt von dieser Ewigkeit her.
Alles kehrt in diese Ewigkeit zurück.
«Ewigkeit ist nichts anderes als Gott selbst.»
(Thomas von Aquin)

Dank

Der Verlag und die Herausgeber danken dem Radius-Verlag (Stuttgart), dem Jordan-Verlag (Zürich) und der Kurt Marti-Stiftung (Bern) für die Rechte zum Abdruck der Texte. Dem Schweizerischen Literaturarchiv Bern (Dr. Lucas Gisi) ist zu danken für den Zugang zu Nachlassmaterialien. Die Assistierenden und Hilfskräfte am Lehrstuhl von Ralph Kunz haben sich mit grossem Engagement an Recherchen und an der Vorbereitung des Manuskripts beteiligt. Vielen Dank an Stefan Fivian, Stefanie Koch, Benjamin Manig, Martin Scheidegger und Anouk Zürcher! Die Arbeit der Herausgeber wurde freundlicherweise finanziert durch die Kurt Marti-Stiftung (Bern). Die Drucklegung des Bands wäre nicht möglich gewesen ohne die Unterstützung der folgenden Institutionen: Römisch-Katholische Zentralkonferenz der Schweiz (RKZ), Herbert Haag Stiftung für Freiheit in der Kirche, Abteilung Homiletik, Liturgik und Kirchentheorie (Prof. David Plüss) der Theologischen Fakultät der Universität Bern, Reformierte Kirchen Bern-Jura-Solothurn und Evangelisch-reformierte Landeskirche des Kantons Zürich.

Schliesslich danken die Herausgeber dem Theologischen Verlag Zürich für sein langjähriges Engagement für das Werk Kurt Martis und sein Interesse an unserer Publikationsidee. Besonders zu danken ist Lisa Briner und Bigna Hauser, die das Projekt gefördert und zuverlässig betreut haben.

Ralph Kunz, Andreas Mauz
September 2020

Druck- und Rechtenachweis

S. 16: und maria, in: Kurt Marti, Namenszug mit Mond. Gedichte. Werkauswahl in 5 Bänden. Band 5, Zürich: Nagel & Kimche 1996, S. 224–227 © 1996 Nagel & Kimche in der MG Medien-Verlags GmbH, Haar

S. 22: liebeskalender: dezember, januar, februar, in: Kurt Marti, da geht dasein. gedichte, Hamburg: Luchterhand Literaturverlag 1993, S. 57–60 © Kurt Marti-Stiftung, Bern

S. 23: dezembergarten, in: Kurt Marti, da geht dasein. gedichte, Hamburg: Luchterhand Literaturverlag 1993, S. 14 © Kurt Marti-Stiftung, Bern

S. 24: dezembernacht, in: Kurt Marti, da geht dasein. gedichte, Hamburg: Luchterhand Literaturverlag 1993, S. 15 © Kurt Marti-Stiftung, Bern

S. 25: Schnee, in: Kurt Marti, Im Sternzeichen des Esels. Sätze. Sprünge. Spiralen, Zürich: Nagel & Kimche 1996, S. 111 © 1996 Nagel & Kimche in der MG Medien-Verlags GmbH, Haar

S. 28: Weihnachten, in: Kurt Marti, Namenszug mit Mond. Gedichte. Werkauswahl in 5 Bänden. Band 5, Zürich: Nagel & Kimche 1996, S. 213–214. © 1996 Nagel & Kimche in der MG Medien-Verlags GmbH, Haar

S. 30: Weihnächtlicher Trinkspruch, in: Kurt Marti, Fromme Geschichten, Stuttgart: Radius-Verlag 2004, S. 77–81. Entnommen mit Genehmigung des Radius-Verlags © 2004 by Radius-Verlag, Stuttgart

S. 35: weihnacht, in: Kurt Marti, geduld und revolte. die gedichte am rand, Stuttgart: Radius-Verlag 2004, S. 8. Entnommen mit Genehmigung des Radius-Verlags © 2004 by Radius-Verlag, Stuttgart

S. 36: Wohin mit meiner Wut? Zur Weihnachtsgeschichte, in: Kurt Marti, O Gott! Lachen, Weinen, Lieben. Ermutigungen zum Leben, Stuttgart: Radius-Verlag 1995, S. 291–300. Entnommen mit Genehmigung des Radius-Verlags © 1995 by Radius-Verlag, Stuttgart

S. 44: mitternachtsgottesdienst, nydeggkirche bern, 24./25.12.1972, in: Kurt Marti, Kleine Zeitrevue. Erzählgedichte, Zürich: Nagel und Kimche 1999, S. 45 © 2001 Nagel & Kimche in der MG Medien-Verlags GmbH, Haar

S. 45: Weihnachten, in: Kurt Marti, Neapel sehen. Erzählungen. Werkauswahl in 5 Bänden. Band 1, Zürich: Nagel & Kimche 1996, S. 25–26. © 1996 Nagel & Kimche in der MG Medien-Verlags GmbH, Haar

S. 47: Weihnachtsbaum, in: Kurt Marti, Die Hoffnung geht zu Fuss. Tagebücher II. Werkauswahl in 5 Bänden. Band 4, Zürich: Nagel & Kimche 1996, S. 49–51 © 1996 Nagel & Kimche in der MG Medien-Verlags GmbH, Haar

S. 50: Ist Weihnachten heilbar?, in: Der Weg. Organ des Schweizerischen Blindenverbandes Nr. 4/55–58, Dezember 1968 (Nachdruck aus dem «Nydeggerboten», Dezember 1967) © Kurt Marti-Stiftung, Bern

S. 53: In der Schweiz wird es Weihnacht, in: Tages-Anzeiger Magazin (Rubrik PS), 17. Dezember 1977, S. 45 © Kurt Marti-Stiftung, Bern

S. 58: Ware Weihnacht und wahre Weihnacht, in: National-Zeitung, 24. Dezember 1968 © Kurt Marti-Stiftung, Bern

S. 62: Aktion Weihnacht. Kann man Weihnachten ehrlich feiern?, in: National-Zeitung, 24. Dezember 1971 © Kurt Marti-Stiftung, Bern

S. 66: Menschwerdung, in: DIE TAT, 13. September 1965; einsehbar in: e-newspaperarchives.ch (1935–1978, mit Lücken) © Kurt Marti-Stiftung, Bern

S. 69: Weihnachten?, in: Neue Zürcher Zeitung, 24. Dezember 1972 © Kurt Marti-Stiftung, Bern

S. 76: Amen, in: Kurt Marti, Gott im Diesseits. Versuche zu verstehen, Stuttgart: Radius-Verlag 2005, S. 17–20. Entnommen mit Genehmigung des Radius-Verlags © 2005 by Radius-Verlag, Stuttgart

S. 78: z.b. 1.1.73, in: Kurt Marti, wo chiemte mer hi? sämtlechi gedicht ir bärner umgangsschprach, S. 106 © 2018 Nagel & Kimche in der MG Medien-Verlags GmbH, Haar

S. 79: Der letzte Weise aus dem Morgenland, in: Kurt Marti, Fromme Geschichten, Stuttgart: Radius-Verlag 2004, S. 40–44. Entnommen mit Genehmigung des Radius-Verlags © 2004 by Radius-Verlag, Stuttgart

S. 86: aender: märz, april, mai, in: Kurt Marti, da geht dasein. gedichte, Hamburg: Luchterhand Literaturverlag 1993, S. 57–60 © Kurt Marti-Stiftung, Bern

S. 87: Vorfrühling, See, in: Kurt Marti, Im Sternzeichen des Esels. Sätze. Sprünge. Spiralen, Zürich: Nagel & Kimche 1996, 94–95 © 1996 Nagel & Kimche in der MG Medien-Verlags GmbH, Haar

S. 88: bitte, in: Kurt Marti, gott gerneklein. gedichte, Stuttgart: Radius 2006, S. 39. Entnommen mit Genehmigung des Radius-Verlags © 2006 by Radius-Verlag, Stuttgart

S. 90: Passion z. B. 1973, in: Kurt Marti, Unter der Hintertreppe der Engel. Wortstücke und Notizen. Werkauswahl in 5 Bänden. Band 2, Zürich: Nagel & Kimche 1996, 248–249 © 1996 Nagel & Kimche in der MG Medien-Verlags GmbH, Haar

S. 91: Passion, in: Kurt Marti, Von der Weltleidenschaft Gottes. Denkskizzen. Stuttgart: Radius-Verlag 2011, S. 76–80. Entnommen mit Genehmigung des Radius-Verlags © 2011 by Radius-Verlag, Stuttgart

S. 95: Passion, in: Kurt Marti, Gott im Diesseits. Versuche zu verstehen, Stuttgart: Radius-Verlag 2005, S. 81–82. Entnommen mit Genehmigung des Radius-Verlags © 2005 by Radius-Verlag, Stuttgart

S. 97: Warum ich Christ bin (Auszug), in: Kurt Marti, O Gott! Lachen, Weinen, Lieben. Ermutigungen zum Leben, Stuttgart: Radius-Verlag 1995, S. 98–112. Entnommen mit Genehmigung des Radius-Verlags © 1995 by Radius-Verlag, Stuttgart

S. 99: am holz, in: Kurt Marti, geduld und revolte. die gedichte am rand, Stuttgart: Radius-Verlag 2004, S. 66. Entnommen mit Genehmigung des Radius-Verlags © 2004 by Radius-Verlag, Stuttgart

S. 100: Passion als Aktion, in: Kurt Marti, Das Markus-Evangelium, Jordan-Verlag 1985, S. 166 © Kurt Marti-Stiftung, Bern

S. 106: Palmsonntag 15.4.1984, in: Kurt Marti, Die Hoffnung geht zu Fuss. Tagebücher II. Werkauswahl in 5 Bänden. Band 4, Zürich: Nagel & Kimche 1996, S. 59 © 1996 Nagel & Kimche in der MG Medien-Verlags GmbH, Haar

S. 108: Keine Ostern wie immer, in: Kurt Marti, Fromme Geschichten, Stuttgart: Radius-Verlag 2004, S. 86–88. Entnommen mit Genehmigung des Radius-Verlags © 2004 by Radius-Verlag, Stuttgart

S. 111: Ostern, in: Kurt Marti, Von der Weltleidenschaft Gottes. Denkskizzen, Stuttgart: Radius-Verlag 2011, S. 81–86. Entnommen mit Genehmigung des Radius-Verlags © 2011 by Radius-Verlag, Stuttgart

S. 116: Auferstanden von den Toten, in: Kurt Marti, Gott im Diesseits. Versuche zu verstehen, Stuttgart: Radius-Verlag 2005, S. 87–92. Entnommen mit Genehmigung des Radius-Verlags © 2005 by Radius-Verlag, Stuttgart

S. 121: ostern o stern, in: Kurt Marti, geduld und revolte. die gedichte am rand, Stuttgart: Radius-Verlag 2004, S. 71–72. Entnommen mit Genehmigung des Radius-Verlags © 2004 by Radius-Verlag, Stuttgart

S. 122: Geschichte, Ostern (Auszug), in: Kurt Marti, Die gesellige Gottheit. Ein Diskurs, Stuttgart: Radius-Verlag 2004, S. 53–56. Entnommen mit Genehmigung des Radius-Verlags © 2004 by Radius-Verlag, Stuttgart

S. 123: die frauen am ostermorgen, in: Kurt Marti, geduld und revolte. die gedichte am rand, Stuttgart: Radius-Verlag 2004, S. 70. Entnommen mit Genehmigung des Radius-Verlags © 2004 by Radius-Verlag, Stuttgart

S. 124: Osterbaum, in: Kurt Marti, Die Hoffnung geht zu Fuss. Tagebücher II. Werkauswahl in 5 Bänden. Band 4, Zürich: Nagel & Kimche 1996, S. 60 © 1996 Nagel & Kimche in der MG Medien-Verlags GmbH, Haar

S. 125: ostern, in: Kurt Marti, gott gerneklein. gedichte, Stuttgart: Radius-Verlag 2006, S. 42. Entnommen mit Genehmigung des Radius-Verlags © 2006 by Radius-Verlag, Stuttgart

S. 126: ostervision, in: Kurt Marti, gott gerneklein. gedichte, Stuttgart: Radius-Verlag 2006, S. 36. Entnommen mit Genehmigung des Radius-Verlags © 2006 by Radius-Verlag, Stuttgart

S. 127: Osterzweifel, Osterglaube, in: National-Zeitung, Samstag/Sonntag 13./14. April 1968 © Kurt Marti-Stiftung, Bern

S. 130: Osterprotest, in: National-Zeitung, 25. März 1967 © Kurt Marti-Stiftung, Bern

S. 134: Subversive Ostern, in: DIE TAT, 7. April 1966 © Kurt Marti-Stiftung, Bern

S. 140: Arbeit, in: Kurt Marti, Im Sternzeichen des Esels. Sätze. Sprünge. Spiralen, Zürich: Nagel & Kimche 1996, S. 150–151 © 1996 Nagel & Kimche in der MG Medien-Verlags GmbH, Haar

S. 142: Religion des Marktes, in: Kurt Marti, Im Sternzeichen des Esels. Sätze. Sprünge. Spiralen, Zürich: Nagel & Kimche 1996, 158–161 © 1996 Nagel & Kimche in der MG Medien-Verlags GmbH, Haar

S. 146: Ist Gott weiblich?, in: Kurt Marti, Der Gottesplanet. Predigten und Aufsätze, Darmstadt: Luchterhand Literaturverlag 1988, S. 100–104 © Kurt Marti-Stiftung

S. 150: Gedanken zur Weiblichkeit Gottes, in: Kurt Marti, O Gott! Lachen, Weinen, Lieben. Ermutigungen zum Leben, Stuttgart: Radius-Verlag 1995, S. 40–47. Entnommen mit Genehmigung des Radius-Verlags © 1995 by Radius-Verlag, Stuttgart

S. 158: Heilige Geistin?, in: Kurt Marti, Unter der Hintertreppe der Engel. Wortstücke und Notizen. Werkauswahl in 5 Bänden. Band 2, Zürich: Nagel & Kimche 1996, S. 235 © 1996 Nagel & Kimche in der MG Medien-Verlags GmbH, Haar

S. 158: Frau Weisheit, in: Kurt Marti, Unter der Hintertreppe der Engel. Wortstücke und Notizen. Werkauswahl in 5 Bänden. Band 2, Zürich: Nagel & Kimche 1996, S. 235–236 © 1996 Nagel & Kimche in der MG Medien-Verlags GmbH, Haar

S. 159: Pfingsten, in: Kurt Marti, Der cherubinische Velofahrer und andere Belustigungen. Illustrationen von Hannes Binder, Zürich: Jordan-Verlag ²2010, S. 109 © Jordan-Verlag, Zürich

S. 160: Heiliger Geist, in: Kurt Marti, Die gesellige Gottheit. Ein Diskurs, Stuttgart: Radius-Verlag 2004, S. 71–73. Entnommen mit Genehmigung des Radius-Verlags © 2004 by Radius-Verlag, Stuttgart

S. 162: pfingsten: bitte um den heiligen geist, in: Kurt Marti, gott gerneklein. gedichte, Stuttgart: Radius-Verlag 2006, S. 37. Entnommen mit Genehmigung des Radius-Verlags © 2006 by Radius-Verlag, Stuttgart

S. 163: Pfingsten, in: Kurt Marti, Unter der Hintertreppe der Engel. Wortstücke und Notizen. Werkauswahl in 5 Bänden. Band 2, Zürich: Nagel & Kimche 1996, S. 244 © 1996 Nagel & Kimche in der MG Medien-Verlags GmbH, Haar

S. 164: Dreieinigkeit, in: Kurt Marti, Unter der Hintertreppe der Engel. Wortstücke und Notizen. Werkauswahl in 5 Bänden. Band 2, Zürich: Nagel & Kimche 1996, S. 245–246 © 1996 Nagel & Kimche in der MG Medien-Verlags GmbH, Haar

S. 165: Pfingsten, in: Kurt Marti, Von der Weltleidenschaft Gottes. Denkskizzen, Stuttgart: Radius-Verlag 2011, S. 87–92 Entnommen mit Genehmigung des Radius-Verlags © 2011 by Radius-Verlag, Stuttgart

S. 169: Wort, Geist, in: Kurt Marti, Von der Weltleidenschaft Gottes. Denkskizzen, Stuttgart: Radius-Verlag 2011, S. 44–45. Entnommen mit Genehmigung des Radius-Verlags © 2011 by Radius-Verlag, Stuttgartt

S. 171: Atmen, in: Kurt Marti, Im Sternzeichen des Esels. Sätze. Sprünge. Spiralen, Zürich: Nagel & Kimche 1996, S. 7 © 1996 Nagel & Kimche in der MG Medien-Verlags GmbH, Haar

S.172: Pfingsten 10. Juni 1984, in: Kurt Marti, Die Hoffnung geht zu Fuss. Tagebücher II. Werkauswahl in 5 Bänden. Band 4, Zürich: Nagel & Kimche 1996, S. 64–65. © 1996 Nagel & Kimche in der MG Medien-Verlags GmbH, Haar

S. 173: Heiliger Geist / Körperkirche / Sinne als Sinn, in: Kurt Marti, Unter der Hintertreppe der Engel. Wortstücke und Notizen. Werkauswahl in 5 Bänden. Band 2, Zürich: Nagel & Kimche 1996, S. 256–257. © 1996 Nagel & Kimche in der MG Medien-Verlags GmbH, Haar

S. 174: Göttliche Utopie, in: National-Zeitung, 20. Mai 1972 © Kurt Marti-Stiftung, Bern

S. 177: Der Heilige Geist befremdet, Spiritualität aber fasziniert uns, in: Tages-Anzeiger, 20. Mai 1994 © Kurt Marti-Stiftung, Bern

S. 181: Zu Pfingsten ins Notizbuch, in: DIE TAT, 9. Juni 1962 © Kurt Marti-Stiftung, Bern

S. 186: liebeskalender: juni, juli, august, in: Kurt Marti, da geht dasein. gedichte, Hamburg: Luchterhand Literaturverlag 1993, S. 57–60 © Kurt Marti-Stiftung, Bern

S.187: sommer, in: Kurt Marti, da geht dasein. gedichte, Hamburg: Luchterhand Literaturverlag 1993, S. 11 © Kurt Marti-Stiftung, Bern

S. 188: Hochsommer, Ozon, in: Kurt Marti, Im Sternzeichen des Esels. Sätze. Sprünge. Spiralen, Zürich: Nagel & Kimche 1996, S. 101 © 1996 Nagel & Kimche in der MG Medien-Verlags GmbH, Haar

S. 190: Schweizer Luft, in: Kurt Marti, Im Sternzeichen des Esels. Sätze. Sprünge. Spiralen, Zürich: Nagel & Kimche 1996, S. 102 © 1996 Nagel & Kimche in der MG Medien-Verlags GmbH, Haar

S. 191: mein kleines land, in: Kurt Marti, Heil Vetia. Poetischer Diskurs, Basel: Lenos Verlag 21981, S. 13 © Kurt Marti-Stiftung, Bern

S. 192: Demokratie Gottes, in: Kurt Marti, Unter der Hintertreppe der Engel. Wortstücke und Notizen. Werkauswahl in 5 Bänden. Band 2, Zürich: Nagel

& Kimche 1996, S. 244–245 © 1996 Nagel & Kimche in der MG Medien-Verlags GmbH, Haar

S. 193: heil vetia 1 / heil vetia 2 / heil vetia 3 / heil vetia 4 / heil vetia 5 / heil vetia 6 / heil vetia 7, in: Kurt Marti, Namenszug mit Mond. Gedichte. Werkauswahl in 5 Bänden. Band 5, Zürich: Nagel & Kimche 1996, S. 159–162 © 1996 Nagel & Kimche in der MG Medien-Verlags GmbH, Haar

S. 197: Tell und Christus, in: DIE TAT, 31. März 1961 © Kurt Marti-Stiftung, Bern

S. 202: schöpfung (Auszug), in: Kurt Marti, gott gerneklein. gedichte, Stuttgart: Radius-Verlag 2006, S. 22–25. Entnommen mit Genehmigung des Radius-Verlags © 2006 by Radius-Verlag, Stuttgart

204: Vermeerung, in: Kurt Marti, Im Sternzeichen des Esels. Sätze. Sprünge. Spiralen, Zürich: Nagel & Kimche 1996, S. 168 © 1996 Nagel & Kimche in der MG Medien-Verlags GmbH, Haar

S. 205: Menschen und Tiere (Sechster Schöpfungstag I), in: Kurt Marti, Schöpfungsglaube. Die Ökologie Gottes, Stuttgart: Radius-Verlag 2008, S. 57–64 © 2008 by Radius-Verlag, Stuttgart

S. 210: Verantwortung, nicht Raubbau (Sechster Schöpfungstag II), in: Kurt Marti, Schöpfungsglaube. Die Ökologie Gottes, Stuttgart: Radius-Verlag 2008, S. 65–72 © 2008 by Radius-Verlag, Stuttgart

S. 215: Leihgabe, in: Kurt Marti, Von der Weltleidenschaft Gottes. Denkskizzen, Stuttgart: Radius-Verlag 2011, S. 57–59. Entnommen mit Genehmigung des Radius-Verlags © 2011 by Radius-Verlag, Stuttgart

S. 217: Erwählter Planet, in: Kurt Marti, Die gesellige Gottheit. Ein Diskurs, Stuttgart: Radius-Verlag 2004, S. 13–15. Entnommen mit Genehmigung des Radius-Verlags © 2004 by Radius-Verlag, Stuttgart

S. 220: Planet des Lebens, in: Kurt Marti, Gott im Diesseits. Versuche zu verstehen, Stuttgart: Radius-Verlag 2005, S. 23–25. Entnommen mit Genehmigung des Radius-Verlags © 2005 by Radius-Verlag, Stuttgart

S. 224: liebeskalender: september, oktober, november, in: Kurt Marti, da geht dasein. gedichte, Hamburg: Luchterhand Literaturverlag 1993, S. 57–60 © Kurt Marti-Stiftung, Bern

S. 225: herbstsonne, in: Kurt Marti, da geht dasein. gedichte, Hamburg: Luchterhand Literaturverlag 1993, S. 14 © Kurt Marti-Stiftung, Bern

S. 226: herbst, in: Kurt Marti, Heil Vetia. Poetischer Diskurs, Basel: Lenos Verlag ²1981, 42 © Kurt Marti-Stiftung, Bern

S. 227: Herbst, in: Kurt Marti, Im Sternzeichen des Esels. Sätze. Sprünge. Spiralen, Zürich: Nagel & Kimche 1996, S. 108–110 © 1996 Nagel & Kimche in der MG Medien-Verlags GmbH, Haar

S. 229: Stillgelegt, in: Kurt Marti, Im Sternzeichen des Esels. Sätze. Sprünge. Spiralen, Zürich: Nagel & Kimche 1996, S. 84 © 1996 Nagel & Kimche in der MG Medien-Verlags GmbH, Haar

S. 230: Reisen, in: Kurt Marti, Im Sternzeichen des Esels. Sätze. Sprünge. Spiralen, Zürich: Nagel & Kimche 1996, S. 85–88 © 1996 Nagel & Kimche in der MG Medien-Verlags GmbH, Haar

S. 234: dahingehen, in: Kurt Marti, gott gerneklein. gedichte, Stuttgart: Radius-Verlag 2006, S. 72. Entnommen mit Genehmigung des Radius-Verlags © 2006 by Radius-Verlag, Stuttgart

S. 235: was wird kommen?, in: Kurt Marti, RADIUS-Almanach 1997/98 Radius-Verlag 1997, S. 210–211. Entnommen mit Genehmigung des Radius-Verlags © 1997 by Radius-Verlag, Stuttgart

S. 237: Götze Ewigkeit oder Ewigkeit Gottes?, in: Kurt Marti, O Gott! Lachen, Weinen, Lieben. Ermutigungen zum Leben, Stuttgart: Radius-Verlag 1995, S. 64–68. Entnommen mit Genehmigung des Radius-Verlags © 1995 by Radius-Verlag, Stuttgart

S. 241: Ewigkeit, in: Kurt Marti, Im Sternzeichen des Esels. Sätze. Sprünge. Spiralen, Zürich: Nagel & Kimche 1996, 188–190 © 1996 Nagel & Kimche in der MG Medien-Verlags GmbH, Haar

Zum 100. Geburtstag von Kurt Marti

2020, 174 Seiten, Paperback
mit s/w-Fotos
ISBN 978-3-290-18350-9

Klaus Bäumlin (Hg.)
Kurt Marti
Sprachkünstler, Pfarrer, Freund

Begegnungen, Gespräche, gemeinsame Wegstücke und Freundschaft – darüber schreiben Weggefährtinnen und Freunde von Kurt Marti. Entstanden ist ein persönliches Buch, ein biografisches Mosaik zu Kurt Marti: zu seinem Leben, seinem literarischen und theologischen Schaffen, seinem politischen Engagement und seinen Freundschaften. Es zeigt Kurt Martis immense Wirkung und ihn als Person: als Sprachkünstler, Pfarrer und Freund.

Mit Beiträgen von Klaus Bäumlin, Ursula Bäumlin, Conradin Conzetti, Wolfgang Erk, Franz Hohler, Bertrand Knobel, Guy Krneta, Fredi Lerch, Stefanie Leuenberger und Joy Matter.

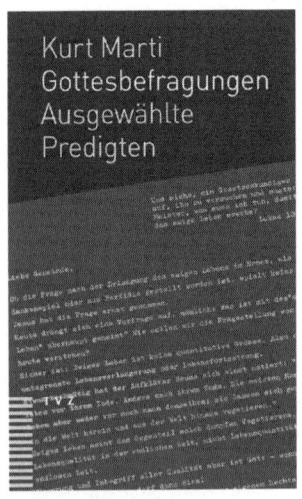

2020, 214 Seiten, Paperback
ISBN 978-3-290-18346-2

Kurt Marti
Gottesbefragungen
Ausgewählte Predigten

Herausgegeben von Andreas Mauz
und Ralph Kunz

Wenn Kurt Marti predigt, tut er das pointiert. Er setzt sich dem Bibeltext aus und übersetzt ihn in die Gegenwart. Der Querschnitt durch Martis Predigtwerk zeigt seine zentralen theologischen Anliegen: die Liebe als das Wesen Gottes, aber auch die irdische Liebe, die Kritik von Machtverhältnissen, der Friede, die Bewahrung der Schöpfung. Martis Texte sind visionär, damals wie heute.

www.tvz-verlag.ch